财政部规划教材

全国财政职业教育教学指导委员会推荐教材

全国中等职业学校财经类教材

成本会计(第八版)
实训与练习

李洛嘉 李盈超 主编

中国财经出版传媒集团

中国财政经济出版社

图书在版编目（CIP）数据

成本会计（第八版）实训与练习/李洛嘉，李盈超主编．—8 版．—北京：中国财政经济出版社，2017.1（2024.7 重印）

财政部规划教材　全国财政职业教育教学指导委员会推荐教材　全国中等职业学校财经类教材

ISBN 978－7－5095－7163－7

Ⅰ．①成… Ⅱ．①李… ②李… Ⅲ．①成本会计－中等专业学校－习题集 Ⅳ．①F234.2－44

中国版本图书馆 CIP 数据核字（2017）第 000715 号

责任编辑：陈　冰　　　　　　责任校对：黄亚青
封面设计：构远设计

中国财政经济出版社 出版

URL：http：//www.cfeph.cn

E－mail：cfeph@cfeph.cn

（版权所有　翻印必究）

社址：北京市海淀区阜成路甲 28 号　邮政编码：100142
营销中心电话：010－88191537　北京财经书店电话：64033436　84041336
北京中兴印刷有限公司印刷　各地新华书店经销
787×1092 毫米　16 开　11 印张　265 000 字
2017 年 1 月第 8 版　2024 年 7 月北京第 11 次印刷
定价：24.00 元
ISBN 978－7－5095－7163－7/F·5746
（图书出现印装问题，本社负责调换）
本社质量投诉电话：010－88190744
打击盗版举报热线：010－88191661　QQ：2242791300

编写说明

本书是财政部规划教材、全国财政职业教育教学指导委员会推荐教材,由财政部教材编审委员会组织编写并审定,作为全国中等职业学校财经类教材使用。

本书是《成本会计》(第八版)的配套实训与练习。本书适用于中等职业学校财经类专业的教学,也可用于小企业成本会计核算人员自学,或用于在职初级会计人员的短期培训。

为了使学习者能更好地掌握成本会计,提高成本会计核算技能,本教材按章配备了"练习与训练",并为全书配备了"综合训练"和"模拟试题"。本次修订工作是在原教材大纲的基础上进行了修订,并对原教材中的错漏进行了订正,调整了部分练习题的内容和数据。

本次修订由四川财经职业学院李洛嘉、李盈超担任主编。参加修订的有(按修订章节排序):河南省会计学校李盈超(第一、二、十章)、贵州省财政学校孔祥梅(第三、六章)、武汉市财政学校吕庆(第四、五、九章)、广东省财政学校钟秉盛(第七、八章)、河南省会计学校张丽(第十一、十二章)。

用书学校任课老师若需要本《实训与练习》的答案,请以电子邮件的形式向中国财政经济出版社索取(请注明:学校、全书名、版次),E-mail:cai jing jiao cai@163.com。

全书由李洛嘉、李盈超负责修改、总纂,由财政部教材编审委员会财会专业编审组专家审定。

由于编者的水平有限,书中错误和不足之处在所难免,恳请读者批评指正。

编　者

2016 年 10 月

目 录

第一篇 课后复习与训练 ……………………………………………………（1）
  第一章 概述 ……………………………………………………………（1）
  第二章 成本核算的基本要求和一般程序 ……………………………（8）
  第三章 要素费用的核算 ………………………………………………（14）
  第四章 综合费用的核算 ………………………………………………（22）
  第五章 生产费用在完工产品与在产品之间分配的核算 ……………（39）
  第六章 成本计算方法的分类 …………………………………………（47）
  第七章 产品成本计算的品种法 ………………………………………（52）
  第八章 产品成本计算的分批法 ………………………………………（61）
  第九章 产品成本计算的分步法 ………………………………………（68）
  第十章 产品成本计算的辅助方法 ……………………………………（78）
  第十一章 成本报表的编制与分析 ……………………………………（91）
  第十二章 其他行业成本计算的特点 …………………………………（100）

第二篇 综合训练 ……………………………………………………………（104）
  训练一 财产分类 ………………………………………………………（108）
  训练二 设置生产成本核算账户 ………………………………………（117）
  训练三 归集分配要素费用 ……………………………………………（119）
  训练四 归集和分配辅助生产费用和制造费用 ………………………（134）
  训练五 计算和结转完工产品成本 ……………………………………（136）

第三篇 模拟试卷 ……………………………………………………………（138）
  模拟试卷（一）…………………………………………………………（138）
  模拟试卷（二）…………………………………………………………（150）
  模拟试卷（三）…………………………………………………………（157）
  模拟试卷（四）…………………………………………………………（164）

第一篇　课后复习与训练

第一章　Chapter 1
概　　述

名词解释

1. 实际成本

2. 生产成本

3. 制造成本

4. 直接成本

5. 间接成本

6. 成本预测

7. 成本决策

8. 成本核算

（判断为正确的在括号内打"√"，错误的打"×"，下同）

1. 成本是一个普遍的经济范畴，因此，凡有经济活动的地方都必须计算和考核成本。
（　　）
2. 有没有成本与是否需要核算、考核成本是两个不同的概念，不应混为一谈。（　　）
3. 产品成本是由产品生产过程中物化劳动转移的价值、活劳动中必要劳动创造的价值以及劳动者为社会创造的价值三部分构成的。（　　）
4. 生产费用和产品成本都是产品生产过程中发生的各种生产耗费。因此，一定时期发

生的生产费用就是该时期所发生的产品成本。（　）

5. 企业一定时期内发生的费用总额不一定等于该期内发生的生产费用总额，而该期内发生的费用总额也不一定等于该期内完工的产品成本。（　）

6. 生产费用的发生过程也是产品成本的形成过程，它们反映的都是生产过程中物化劳动和活劳动的耗费。（　）

7. 生产费用的发生直接与一定的期间相联系，而产品成本是为生产一定种类和数量的产品所发生的、由该部分产品承担的生产费用，它与一定的产品相联系。（　）

8. 一定时期（月、季、年）的生产费用发生额是构成该时期产品成本的基础。（　）

9. 由于一定时期的生产费用是构成该时期产品成本的基础，所以生产费用和产品成本都是不跨期的。（　）

10. 产品成本是以货币表现的，为制造产品而耗费的物化劳动和活劳动的价值之和。（　）

11. 我国的制造业产品成本采用制造成本法，其成本项目主要包括产品生产制造环节所发生的直接材料、直接人工和制造费用，以及企业所发生的管理费用、销售费用和财务费用。（　）

12. 各生产单位（分厂、车间）为组织和管理生产而发生的管理人员工资、职工福利费等费用属于管理费用，应作为期间费用直接计入当期损益。（　）

13. 要维持企业的生产经营活动，必须对生产中的劳动耗费进行补偿，一定时期生产中劳动耗费的补偿尺度，就是该时期各种生产费用耗费的价值之和。（　）

14. 当一个企业的个别成本低于社会成本（或部门平均成本）时，必然会发生亏损。（　）

15. 在产品销售量不变的情况下，产品售价越高，产品的销售收入也越高，经济效益也越好。因此，企业在进行生产经营活动的重大决策时，必须以产品售价为依据。（　）

16. 事中控制是整个成本控制活动中最重要的环节，直接影响以后产品制造成本和使用成本的高低。（　）

17. 内部结算价格是企业内部各单位之间相互提供产品或劳务而制定的结算价格，企业内部各单位之间形成了一种买卖关系，因此，各单位有权制定自己产品或劳务的内部结算价格。（　）

18. 成本分析是对前期成本计划执行结果的总结和评价，因此，它不能为进行下期成本预测、编制下期成本计划提供信息资料。（　）

19. 成本决策是企业生产经营决策中最重要的决策，因此成本决策是现代成本会计的最重要、最基本的内容，是成本会计工作的核心。（　）

20. 成本是企业内部管理的核心，企业在进行成本核算时只需遵守内部管理制度。（　）

单项选择题（在括号内填入所选项目的字母，下同）

1. 按照马克思的理论，企业产品成本不应当包括（　）。

A. 原材料的耗费 B. 劳动力的耗费
C. 机器设备的损耗 D. 剩余价值

2. 为几种产品所消耗，不能直接计入某一产品，需要按适当的标准分配计入各种产品的成本是（　　）。
A. 直接成本 B. 变动成本
C. 间接成本 D. 固定成本

3. 制定产品价格依据的成本是指（　　）。
A. 企业的个别成本 B. 可控成本
C. 目标成本 D. 社会成本或部门平均成本

4. 企业经营管理的核心、出发点和归宿是（　　）。
A. 不断降低产品成本 B. 努力提高产品质量
C. 增加产品销售量 D. 提高经济效益

5. 在产品销量、价格和税收一定的情况下，（　　）直接影响着企业的盈利水平。
A. 产品质量的好坏 B. 产品成本的高低
C. 企业的经营管理水平 D. 市场占有率

6. 精明的企业领导人，在注意发展新技术、开发新产品的同时，通常会把目光更进一步集中在（　　）上。
A. 提高产品售价 B. 降低产品成本
C. 增加产品产量 D. 促进产品升级换代

7. 现代成本会计与传统成本会计区别的主要标志是（　　）。
A. 加强产品成本控制 B. 把成本的事前、事中、事后核算结合起来
C. 以成本干预生产经营活动 D. 引进了西方管理会计的方法

8. 在一般情况下，企业在对生产经营活动中的重大问题进行决策时，其中（　　）是选择最优方案时应特别予以考虑的关键问题。
A. 产品质量的好坏 B. 产品的市场竞争能力
C. 产品成本水平的高低 D. 产品售价的高低

9. 成本控制中，（　　）是最重要环节，直接影响以后产品制造成本和使用成本的高低。
A. 生产过程控制 B. 设计成本控制
C. 投产前的事前控制 D. 事后控制

10. 定额是成本管理的基础，是企业决策、计划、预算、分析、考核和控制的依据。因此，定额应当是（　　）。
A. 先进定额 B. 平均定额
C. 先进平均定额 D. 人人均可达到的定额

多项选择题（在括号内依次填入所选中各项目的字母，下同）

1. 我国社会产品的价值一般由（　　）三个部分组成。
A. 产品耗用材料的价值 B. 生产中物化劳动转移的价值

C. 一定时期支付给职工的工资总额 D. 活劳动中必要劳动创造的价值
   E. 劳动者为社会创造的价值 F. 企业向国家缴纳的税金
2. 成本会计的法规和制度主要包括（ ）等法律规范。
   A. 会计法律 B. 会计法
   C. 企业会计制度 D. 会计行政法规
   E. 会计规章 F. 企业内部成本会计制度和管理办法
3. 产品成本的主要作用是（ ）。
   A. 它是补偿生产耗费的尺度
   B. 它是进行成本预测和决策的基础
   C. 它是反映和控制各种劳动耗费的综合指标
   D. 它是进行成本控制和考核的依据
   E. 它是制定产品价格的一项重要依据
   F. 它是企业进行生产经营决策的重要数据
4. 提高经济效益是企业经营管理的核心出发点和归宿，其根本途径是（ ）。
   A. 努力增加产品产量 B. 提高单位产品售价
   C. 生产适销对路，扩大产品销量 D. 努力提高产品质量、降低产品生产成本
   E. 制定合理的产品价格 F. 努力节约销售费用

简答题

1. 简述成本的概念。

2. 产品成本的作用是什么？

3. 简述成本控制过程。

4. 如何理解成本会计各职能之间的关系？

5. 怎样才能搞好成本会计的基础工作？

6. 简述我国成本会计的法规和制度体系。

【训练内容】练习生产费用的分类方法。
【训练资料】某制造企业 5 月份发生的生产费用及用途如下：
1. 外购材料：　　　　　　　　　　　　　　　85 700 元
　　其中：A 产品耗用　　　　　　　　　　　 34 000 元

    B 产品耗用   26 000 元
    A、B 产品共同耗用   14 000 元
    修复 A 产品用   1 200 元
    基本生产车间领用备品配件   5 800 元
    基本生产车间领用低值易耗品   4 700 元
 2. 外购燃料：   5 200 元
    其中：A 产品耗用   3 300 元
      A、B 产品共同耗用   1 600 元
      基本生产车间耗用   300 元
 3. 外购动力：   6 200 元
    其中：B 产品耗用   5 400 元
      A、B 产品共同耗用   800 元
 4. 职工薪酬：   7 300 元
    其中：生产工人薪酬   6 800 元
      基本生产车间管理人员薪酬   500 元
 5. 基本生产车间应计提的固定资产折旧费： 2 400 元
 6. 基本生产车间发生的办公费用：   210 元
 7. 基本生产车间发生的劳动保护费：   8 680 元

【训练要求】根据以上资料，将上述生产费用按照经济内容、经济用途、与产品的关系和与产量的关系进行划分后计算出金额，并将计算结果填写在下表中。

生产费用分类计算表

按经济内容分类		按经济用途分类		按其计入成本的方法分类		按与产量的关系分类	
项 目	金 额	项 目	金 额	项 目	金 额	项 目	金 额
外购材料		直接材料		直接费用		变动成本	
外购燃料		直接人工		间接费用		固定成本	
外购动力		制造费用					
职工薪酬							
折旧费							
其他支出							
合 计		—		—		—	

第二章 Chapter 2

成本核算的基本要求和一般程序

1. 实际成本计价原则

2. 权责发生制原则

3. 期间费用

1. 生产费用按照经济内容的分类,就是将生产费用划分为若干生产费用要素。（　　）
2. 生产费用按照经济用途的分类是最基本、最原始的分类。（　　）
3. 生产费用按其与工艺过程的关系分类,就是按照生产费用计入产品成本的方法进行的分类。（　　）

4. 正确区分变动成本和固定成本，便于寻求降低产品成本的途径，所以要想降低变动费用应该从提高产量和减少费用的绝对额着手。（ ）

5. 产品成本是企业为生产一定种类和数量的产品所发生的各种生产耗费，因此一定时期的产品成本等于一定时期的生产费用。（ ）

6. 外购材料和直接材料费是生产费用按照不同的标准分类的结果，二者实质相同，但具体内容不同。（ ）

7. 制造费用和管理费用都是企业为组织、管理生产所发生的费用，二者的内容是基本相同的，但其发生的范围不同。（ ）

8. 按照企业会计制度的有关规定，企业可以在"生产成本"一级账户下设置"基本生产成本"二级账户，也可以将"基本生产成本"设置为一级账户。（ ）

9. 期间费用就是企业在一定时期内发生的生产费用。（ ）

10. 如果生产车间只生产一种产品，所发生的制造费用不需分配即可直接转入该种产品的生产成本。（ ）

单项选择题

1. 直接费用和间接费用的划分是（   ）。
   A. 生产费用按照经济用途分类
   B. 生产费用按其计入成本的方法分类
   C. 生产费用按照与产品的关系分类
   D. 生产费用按照与产量的关系分类

2. 企业的管理费用、财务费用和营业费用应属于企业的（   ）。
   A. 制造费用   B. 期间费用
   C. 跨期摊配费用   D. 经营费用

3. 为了按月考核和分析产品成本计划完成情况，企业必须按月结转费用并据以计算产品成本。对于应计入产品成本的费用，首先应（   ）。
   A. 正确划分应计入产品成本和不应计入产品成本的费用界限
   B. 正确划分各个月份的费用界限
   C. 正确划分各种产品的费用界限
   D. 正确划分完工产品与在产品的费用界限

4. 在发生时直接计入当期损益的费用是（   ）。
   A. 长期待摊费用   B. 期间费用
   C. 修理费用   D. 制造费用

5. 生产费用按其与产品产量的关系可以分为（   ）。
   A. 固定成本和变动成本   B. 直接成本和间接成本
   C. 基本费用和一般费用   D. 直接费用和间接费用

多项选择题

1. 生产费用按照经济内容分类的项目有（　　　　）。
   A. 直接材料费　　　　B. 外购动力　　　　C. 直接人工费
   D. 折旧费　　　　　　E. 其他支出

2. 产品生产过程中耗用的材料有（　　　　）。
   A. 原料　　　　　　　B. 备品配件　　　　C. 燃料
   D. 动力　　　　　　　E. 低值易耗品

3. 计入产品生产成本的直接人工费用有（　　　　）。
   A. 基本生产车间生产工人的工资　　B. 基本生产车间工人福利费
   C. 辅助生产车间工人工资　　　　　D. 企业管理人员的工资

4. 下列棉纺织厂的各个车间中属于辅助生产车间的有（　　　　）。
   A. 纺纱车间　　　　　B. 织布车间　　　　C. 整包车间
   D. 印染车间　　　　　E. 供电车间　　　　F. 机修车间

5. 辅助生产费用的分配方法主要有（　　　　）。
   A. 直接分配法　　　　B. 约当产量法　　　C. 定额成本法
   D. 一次交互分配法　　E. 定额比例法

6. 在下列费用中属于制造费用的有（　　　　）。
   A. 基本生产车间固定资产折旧费　　B. 辅助生产车间固定资产折旧费
   C. 企业管理部门固定资产折旧费　　D. 基本生产车间的水电费
   E. 辅助生产车间的水电费　　　　　F. 企业管理部门的水电费

7. 制造费用的分配方法有（　　　　）。
   A. 生产工时比例法　　B. 定额比例法　　　C. 直接成本比例法
   D. 直接分配法　　　　E. 约当产量法

8. 根据生产费用核算的需要，一般应设置（　　　　）等账户。
   A. "生产成本"和"劳务成本"　　B. "制造费用"和"长期待摊费用"
   C. "管理费用"和"营业费用"　　D. "办公费用"和"保险费用"
   E. "废品损失"和"停工损失"　　F. "销售费用"和"财务费用"

简答题

1. 成本核算的基本要求是什么？

2. 成本开支范围要注意划清哪些界限？

3. 如何划分各个会计期间的费用界限？

4. 企业应做好哪些成本核算的基础工作？

5. 期间费用为什么不能计入制造成本？

6. 简述成本核算的一般程序。

7. 为了进行成本核算需要设置哪些账户？

 训练题

训练 2-1

【训练目的】练习制造成本法下账户的设置。

【训练资料】某厂设有三个基本生产车间和供电、供水两个辅助生产车间。其中一车间生产 A、B 产品，二车间生产 C 产品，三车间生产 D、E、F 产品。

【训练要求】请根据该厂情况设置"生产成本"总账和明细分类账，并填写表 2-1。

表 2-1　　　　　　　　　　生产成本账户设置一览表

总　账	二级账	三级明细账 （成本计算单）	成本项目

训练 2-2

【训练目的】练习制造成本法下成本核算的主要账务处理。

【训练资料】见教材图 2-2。

【训练要求】请根据教材图 2-2 写出成本核算的主要会计分录（见表 2-2，只写一级会计科目）。

表 2-2　　　　　　　　　　　　　　会计分录

核 算 程 序	会 计 分 录
1. 分配结转要素费用 （1）分配材料费用	
（2）分配工资费用	
（3）分配折旧费用	
2. 分配结转跨期摊配费用	
3. 分配结转辅助生产费用 （写出"生产成本"二级科目）	
4. 分配结转制造费用	
5. 结转完工产品成本	

第三章 Chapter 3

要素费用的核算

名词解释

1. 要素费用

2. 材料费用

3. 定额消耗量

4. 计时工资

判断题

1. 间接费用的分配标准应按国家的法规制度进行选择。（ ）
2. 凡属生产车间领用的原材料费用，最终都必须结转到产品成本的"直接材料"成本项目中。（ ）
3. 定额消耗量比例法是以定额成本作为分配标准的。（ ）
4. 动力费用的归集与分配一般是通过编制"动力费用分配表"进行的。（ ）
5. 对于工业企业来说，产品耗用的动力费用只能在"直接材料"成本项目中反映。（ ）
6. 职工的工资总额以及提取的应付福利费，应按其用途和发生地点进行归集与分配。（ ）
7. 职工福利费计入成本费用的方法与工资的计入方法完全相同。（ ）
8. 人工费用的原始记录包括考勤记录、产量记录。（ ）
9. 月薪制是根据职工的标准工资、出勤日数和日工资计算的。（ ）
10. 集体计件工资与个人计件工资的计算方法完全相同。（ ）
11. 固定资产折旧费是产品成本的组成部分，应该全部计入产品成本。（ ）
12. 基本生产车间的固定资产修理费是产品成本的组成部分，应当直接计入产品成本。（ ）
13. 企业发生的其他费用支出，如：差旅费、邮电费、保险费等，与产品生产没有直接关系，不应计入产品成本。（ ）
14. 在制造成本法下，企业的生产成本包括直接材料费、直接人工费及制造费用，所以凡是企业发生的材料费、人工费以及制造费用，都应全部计入产品生产成本。（ ）

单项选择题

1. 下列各项中，不计入直接人工成本项目的是（ ）。
   A. 产品生产工人工资
   B. 车间管理人员工资
   C. 按产品生产工人工资提取的职工福利费
   D. 产品生产工人的奖金
2. 分配结转外购动力费用时，账务处理中不可能出现的贷方账户是（ ）。
   A. "银行存款"   B. "应收账款"
   C. "应付账款"   D. "预付账款"
3. 下列分配方法中，不宜作为原材料费用分配方法的是（ ）。
   A. 重量分配法   B. 生产工人工时分配法
   C. 系数分配法   D. 定额消耗量比例分配法

4. 根据"工资结算汇总表"和"直接人工费用分配表"进行分配结转工资账务处理时，不可能对应的借方账户是（   ）。
   A. "生产成本"　　　　　　　　　B. "制造费用"
   C. "管理费用"　　　　　　　　　D. "财务费用"
5. 对外购动力的分配，应借记有关的成本费用账户，贷记（   ）账户。
   A. "应付账款"　　　　　　　　　B. "制造费用"
   C. "生产成本——基本生产成本"　　D. "生产成本——辅助生产成本"
6. 某企业采用平均年限法计提折旧。某项固定资产原值为1万元，预计净残值率为4%，预计使用年限10年。该固定资产2007年5月份购入并开始使用，2017年底报废。报废时已提折旧为（   ）。
   A. 9 600元　　　　　　　　　　B. 9 700元
   C. 9 840元　　　　　　　　　　D. 10 000元
7. 某企业支付上月水电费35 000元，以转账支票支付，会计记账时应记入的账户是（   ）。
   A. "管理费用"　　　　　　　　　B. "制造费用"
   C. "应付职工薪酬"　　　　　　　D. "应付账款"

多项选择题

1. 对于几种产品共同耗用的原材料，常用的分配方法有（   ）。
   A. 定额消耗量比例法　　　　　　B. 定额成本比例法
   C. 定额工时法　　　　　　　　　D. 生产工人工资比例法
2. 下列应计入产品成本"直接材料"成本项目中的有（   ）。
   A. 用于制造产品并构成产品实体的原料及主要材料
   B. 车间设备耗用的机物料
   C. 制造产品耗用的构成产品实体的辅助材料
   D. 制造产品耗用的燃料
3. 直接人工费用成本项目包括的内容主要有（   ）。
   A. 产品生产工人的计时工资和计件工资
   B. 产品生产工人的奖金、津贴和补贴
   C. 产品生产工人加班工资
   D. 产品生产工人非工作时间工资
4. 几种产品共同耗用的动力费用，常用的分配标准有（   ）。
   A. 生产工时　　　　　　　　　　B. 机器工时
   C. 马力工时　　　　　　　　　　D. 生产工人工资
5. 几种产品共同发生的工资费用，常用的分配标准有（   ）。
   A. 实际生产工时　　　　　　　　B. 定额生产工时
   C. 机器工时　　　　　　　　　　D. 马力工时

1. 简述定额消耗量比例法和定额成本比例法在进行费用分配时的异同。

2. 简述低值易耗品两种常用的摊销方法及其优缺点。

3. 企业各类人员的职工薪酬应如何计入费用、成本?

4. 人工费用中,工资核算的主要原始记录是什么?

训练 3-1

【训练内容】练习直接材料费用的归集和分配。
【训练资料】
1. 化工厂 6 月份材料耗用汇总表如表 3-1 所示。

表 3-1　　　　　　　　　化工厂 6 月份材料费用汇总表

领用部门	用　　途	计划成本
基本生产车间	制造甲产品的原料及主要材料	899 100
	制造乙产品的原料及主要材料	320 500
	制造甲、乙产品共同耗用原料及主要材料	907 200
	机物料消耗（辅助材料）	10 000
	修理用材料（辅助材料）	20 000
	劳动保护用材料（辅助材料）	3 000
	车间办公用材料（辅助材料）	4 000
企业管理部门	修理固定资产用辅助材料	2 000
供汽车间	生产用原料及主要材料	24 000
供电车间	生产用原料及主要材料	18 000
合　　计		

2. 该厂材料成本差异率为 -4%。
3. 基本生产车间甲、乙两种产品共同耗用的原材料按定额耗用量的比例分配,两种产品的产量资料及定额资料如下:

甲产品产量 1 275 件,原材料单位耗用定额 16 千克;
乙产品产量 500 件,原材料单位耗用定额 24 千克。

【训练要求】
1. 根据表 3-1,编制原材料耗用分配汇总表（表 3-2）。
2. 根据原材料耗用分配汇总表做出相应的会计分录。
会计分录:

表 3-2　　　　　　　　　　　　　　　原材料费用分配汇总表
　　　　　　　　　　　　　　　　　　　　年　　月

借方账户			成本（费用）项目	产量（件）	耗用材料计划成本						材料成本差额（％）	耗用材料实际成本
总账账户	二级账户	明细账户			直接耗用材料	共同耗用材料				计划成本合计		
						单位耗用定额(kg)	定额耗用量	分配率	应分配材料费用			

训练 3-2

【训练目的】 练习用（定额消耗量比例法）分配直接材料费用。

【训练资料】 某厂生产甲、乙、丙三种产品。本月三种产品共同耗用 B 材料 16 800 千克，每千克 12.5 元，总金额为 21 万元。三种产品本月投产量分别为 2 000 件、1 600 件和 1 200 件，三种产品对 B 材料的消耗定额分别为 3 千克、2.5 千克和 5 千克。

【训练要求】 采用定额消耗量比例分配法分配 B 材料费用，并将分配结果填入表 3-3。

表 3-3　　　　　　　　　　　　　　　B 材料费用分配表
　　　　　　　　　　　　　　　　　　　　年　　月

产品名称	产品投产量	单位定额	定额消耗总量	分配率	应分配材料费用
甲产品					
乙产品					
丙产品					
合　　计					

训练 3-3

【训练目的】 练习分配直接材料费用的账务处理。

【训练资料】 根据某厂本月耗用材料汇总表记录的资料，该厂本月消耗 B 材料 21.9 万元，其中产品生产直接消耗 21 万元，车间一般消耗 3 000 元，厂部管理部门消耗 6 000 元。产品生产耗用的材料在甲、乙、丙三种产品之间的分配见训练二，即表 3-3 的分配结果。

【训练要求】 根据资料编制分配结转本月耗用 B 材料的会计分录。

本月耗用 B 材料会计分录如下：

训练 3-4

【**训练目的**】练习用生产工时比例法分配外购动力费用。

【**训练资料**】某厂本月应付外购电费 36 000 元，其中产品生产用电 3 万元，车间管理部门用电 2 000 元，厂部管理部门用电 4 000 元。本月该厂生产的甲、乙、丙三种产品的实际生产工时分别为 8 000、4 000 和 3 000 小时。

【**训练要求**】采用生产工时分配法分配外购电费（填表 3-4）；编制分配结转应付电费的会计分录。

表 3-4　　　　　　　　　　　外购电费分配表

年　月　　　　　　　　　　　　　　　　　单位：元

产　品	实际工时	分　配　率	分配金额
甲产品			
乙产品			
丙产品			
小　计			
制造费用			
管理费用			
合　计			

会计分录：

训练 3-5

【训练目的】练习用生产工时比例法分配直接人工费用。

【训练资料】某厂本月应付工资 10 万元，其中产品生产工人 82 500 元，车间管理人员 4 500元，厂部管理人员 13 000 元；本月生产的甲、乙、丙三种产品，实际生产工时分别为 8 000、4 000 和 3 000 小时。本月应付福利费计提比例为 14%。

【训练要求】采用生产工时分配法分配生产工人工资及提取福利费（填表 3-5）；编制分配结转工资和应付福利费的会计分录。

表 3-5　　　　　　　　　　　　　　职工薪酬费用分配表

年　月　　　　　　　　　　　　　　　　　　　　　　单位：元

产品名称	实际生产工时	工资分配率	工资分配额	福利费提取比例	福利费提取额
甲产品	8 000	5.5	44 000	14%	6 160
乙产品	4 000	5.5	22 000	14%	3 080
丙产品	3 000	5.5	16 500	14%	2 310
小　计	15 000	—	82 500	—	11 550
制造费用	—	—	4 500	14%	630
管理费用	—	—	13 000	14%	1 820
合　计	—	—	100 000	—	14 000

（1）分配结转工资的会计分录：

借：生产成本——甲产品　44 000
　　　　　　——乙产品　22 000
　　　　　　——丙产品　16 500
　　制造费用　4 500
　　管理费用　13 000
　　贷：应付职工薪酬——工资　100 000

（2）应付福利费的会计分录：

借：生产成本——甲产品　6 160
　　　　　　——乙产品　3 080
　　　　　　——丙产品　2 310
　　制造费用　630
　　管理费用　1 820
　　贷：应付职工薪酬——福利费　14 000

第四章 Chapter 4
综合费用的核算

名词解释

1. 综合费用

2. 跨期待摊费用

3. 预付费用

4. 预提费用

5. 直接分配法

6. 交互分配法

7. 制造费用

8. 可修复废品

9. 不可修复废品

10. 废品损失

11. 停工损失

判断题

1. 辅助生产车间发生的制造费用，都应通过"制造费用"账户进行核算。（　）
2. 用交互分配法分配辅助生产费用，只在辅助生产车间之间分配，不对外分配。（　）
3. 辅助生产车间的实际费用和按计划成本计算的分配额之间的差额，可列入"制造费用"账户，超支用蓝字，节约用红字。（　）
4. 季节性生产企业在停工期内所发生的费用，应全部在"制造费用"账户加以归集，并由全年所生产的产品成本负担。（　）
5. "制造费用"账户归集的制造费用应在每月月末，采取适当的分配方法分配计入各种产品成本。（　）
6. 采用一次交互分配法交互分配后，各辅助生产单位的待分配费用应全部分配给各受益对象。（　）
7. 辅助生产车间产品或劳务的成本计算方法，与基本生产车间一样，应按生产特点和管理要求加以确定。（　）
8. 辅助生产费用按代数分配法分配，其分配结果最为准确。（　）
9. 直接成本比例法适用于直接成本与制造费用之间存在着一定的比例关系的生产车间采用。（　）
10. 采用计划分配率法分配制造费用，实际与预定计划分配额的差异，可在年终调整时记入"管理费用"账户。（　）
11. 不单独核算废品损失的企业，可修复废品的损失应直接计入有关的成本项目。（　）
12. 只有在生产过程中发现的废品，其废品损失才能计入产品成本。（　）
13. 大修理期间的停工损失应记入"营业外支出"账户。（　）
14. 不单独设置停工损失账户的企业，其停工损失可直接计入生产成本账户。（　）
15. 产品入库以后由于保管不善等原因而损坏变质的损失，应作为管理费用处理。（　）
16. 跨期待摊费用和预提费用的支付额，都是这两类账户的借方发生额。（　）

单项选择题

1. 下列费用中属于制造费用项目的是（　　）。
    A. 生产车间（或生产单位）管理人员的职工薪酬
    B. 生产车间（或生产单位）全体人员的职工薪酬
    C. 生产车间（或生产单位）固定资产的折旧费和修理费
    D. 企业行政管理部门固定资产的折旧费和修理费

2. 预提车间固定资产大修理费用时,应借记的账户是(　　)。
    A. "管理费用"　　　　　　　　　　B. "生产成本"
    C. "制造费用"　　　　　　　　　　D. "银行存款"
3. 提供水、电、汽的辅助生产单位,在各受益对象之间分配的辅助生产费用,是指该生产单位(　　)。
    A. 本期发生的费用　　　　　　　　B. 期初在产品成本
    C. 期末在产品成本　　　　　　　　D. 生产费用合计数
4. 下列辅助生产费用分配方法中,分配结果最为准确的是(　　)。
    A. 直接分配法　　　　　　　　　　B. 一次交互分配法
    C. 代数分配法　　　　　　　　　　D. 计划成本分配法
5. 将辅助生产车间发生的各项费用直接分配给辅助生产车间以外的各受益单位,这种分配方法是(　　)。
    A. 计划成本分配法　　　　　　　　B. 直接分配法
    C. 顺序分配法　　　　　　　　　　D. 代数分配法
6. 按照生产工时比例法分配制造费用,要求(　　)。
    A. 各种产品的机械化程度较高　　　B. 各种产品的机械化程度较低
    C. 各种产品的机械化程度相差不大　D. 不考虑各种产品的机械化程度差异
7. 不可修复废品的成本,应借记"废品损失"账户,贷记(　　)账户。
    A. "产成品"　　　　　　　　　　　B. "生产成本"
    C. "制造费用"　　　　　　　　　　D. "原材料"
8. 废品残料价值和应收赔偿款,应从"废品损失"账户(　　)转出。
    A. 借方　　　　　　　　　　　　　B. 贷方
    C. 余额　　　　　　　　　　　　　D. 视情况而定
9. 长期预付费用支付时,应记入(　　)。
    A. "长期待摊费用"账户的贷方　　　B. "长期待摊费用"账户的借方
    C. "制造费用"账户的贷方　　　　　D. "生产成本"账户的贷方
10. 预提财产保险时应记入(　　)。
    A. "生产成本"账户借方　　　　　　B. "制造费用"账户贷方
    C. "财务费用"账户的借方　　　　　D. "其他应付款"账户的贷方

多项选择题

1. 辅助生产费用的分配方法,通常有(　　)。
    A. 直接分配法　　　　　　　　　　B. 一次交互分配法
    C. 代数分配法　　　　　　　　　　D. 计划成本分配法
2. 采用代数分配法分配辅助生产费用时,分配结转辅助生产费用的会计分录中对应的借方科目主要有(　　)等。
    A. "生产成本——辅助生产成本"　　B. "生产成本——基本生产成本"

C. "制造费用" D. "管理费用"

3. 制造费用分配常用的方法有（ ）。
   A. 产品售价比例法 B. 定额比例法
   C. 直接成本比例法 D. 生产工时比例法
   E. 计划分配率法

4. 成本核算中的"损失性费用"是指产品生产过程中所发生的各种损失费用，它包括（ ）。
   A. 停工损失 B. 非常损失
   C. 坏账损失 D. 废品损失
   E. 在产品盘亏损失

5. 可修复废品必须具备的条件包括（ ）。
   A. 在技术上可以修复 B. 在经济上合算
   C. 不管修复费用多少 D. 只要修复后可以使用

6. 计算不可修复废品的净损失，应考虑的因素有（ ）。
   A. 不可修复废品的成本 B. 不可修复废品的修复费用
   C. 回收废料价值 D. 过失人赔偿款

7. 下列属于应计入产品成本废品损失的有（ ）。
   A. 加工原因造成的废品损失 B. 原材料原因造成的废品损失
   C. 入库后保管不善造成的废品损失 D. 降价出售的损失
   E. "三包"损失

8. 属于应计入产品成本的停工损失有（ ）。
   A. 季节性停产损失
   B. 修理期间停产损失
   C. 非常灾害的停产损失
   D. 计划减产造成全厂连续停产 10 天以上的停产损失

9. 生产车间（或生产单位）分次计入成本的固定资产修理费用，在借记管理费用账户的同时，贷记（ ）等账户。
   A. "原材料" B. "应付职工薪酬"
   C. "其他应付款" D. "银行存款"

10. 将预付生产车间保险费摊销计入本月产品成本时，应记入（ ）。
    A. "其他应付款"账户借方 B. "其他应付款"账户贷方
    C. "制造费用"账户借方 C. "制造费用"账户贷方

简答题

1. 如何进行跨期摊配费用的核算？

2. 简述辅助生产费用分配的特点。

3. 试比较直接分配法、交互分配法和计划成本分配法的特点和主要缺点。

4. 什么是制造费用？常用的制造费用的分配方法有哪几种？

5. 什么是废品损失？如何进行不可修复废品损失和可修复废品损失的核算？

6. 什么是停工损失？哪些情况下的停工损失不能计入成本？

训练 4-1

【训练目的】练习用不同方法分配制造费用。

【训练资料】

1. 振华工厂一个基本生产车间生产 A、B、C 三种产品,9 月份该厂制造费用明细分类账如表 4-1 所示。

表 4-1　　　　　　　　　　制造费用明细分类账

车间：一车间　　　　　　　　　××年9月

日期		凭证号码	摘要	明细项目								小计
月	日			职工薪酬	办公费	水电费	修理费	机物料消耗	折旧费	劳动保护费	其他	
略	略	略	分配职工薪酬	600								600
			支付办公费		200							200
			支付水电费			800						800
			支付修理费				2 400					2 400
			分配材料费					1 320				1 320
			计提折旧						4 680			4 680
			支付劳动保护费							560		560
			支付保险费等								1 440	1 440
			合　计	600	200	800	2 400	1 320	4 680	560	1 440	12 000
			月末转出	-600	-200	-800	-2 400	-1 320	-4 680	-560	-1 440	-12 000

2. A、B、C 三种产品直接生产工人工资、直接材料费用、实际耗用生产工时已知,具体见表 4-2。

表 4-2　　　　　　　　直接人工费、材料费及工时资料

××年9月

产品品种	直接生产工人工资（元）	直接材料费用（元）	实际耗用生产工时（小时）
A	2 700	5 600	480
B	1 200	4 500	180
C	3 600	6 400	540
合　计	7 500	16 500	1 200

【训练要求】分别采用直接工资比例法、直接成本比例法和生产工时比例法,编制相应的制造费用分配表（表 4-3、表 4-4、表 4-5）,并编制制造费用分配的会计分录（只需编制一种方法的会计分录）。

表 4-3　　　　　　　　　　制造费用分配表（直接工资比例法）

××年9月

成本计算对象	直接人工	分配率	分配金额
A产品			
B产品			
C产品			
合　计			

表 4-4　　　　　　　　　　制造费用分配表（直接成本比例法）

××年9月

成本计算对象	直接材料	直接人工	合　计	分配率	分配金额
A产品					
B产品					
C产品					
合　计					

表 4-5　　　　　　　　　　制造费用分配表（生产工时比例法）

××年9月

成本计算对象	实际耗用生产工时	分配率	分配金额
A产品			
B产品			
C产品			
合　计			

会计分录：

训练 4-2

【训练目的】 练习用直接分配法分配辅助生产费用。

【训练资料】 某企业设有供水和供电两个辅助生产车间，各辅助生产车间之间相互提供的劳务不多。本月发生的生产费用和劳务供应量如下：

1. 本月劳务供应量及各受益对象的耗用量如表 4-6、表 4-7 所示。

表 4-6　　　　　　　　　　　　　劳务供应通知单

辅助车间：供水车间　　　　　　　　　××年9月

劳务种类	单位	各受益对象耗用量				供水车间	供电车间	厂部	合计
		一车间		二车间					
		A产品	管理用	B产品	管理用				
供水	吨	7 000	1 000	5 500	500		500	1 000	15 500

表 4-7　　　　　　　　　　　　　劳务供应通知单

辅助车间：供电车间　　　　　　　　　××年9月

劳务种类	单位	各受益对象耗用量				供水车间	供电车间	厂部	合计
		一车间		二车间					
		A产品	管理用	B产品	管理用				
供电	度	5 500	500	9 000	1 000	500		2 000	18 500

2. 辅助生产费用明细账上归集的辅助生产费用总额为：供水车间6 000元；供电车间4 500元。

【训练要求】采用直接分配法编制辅助生产费用分配表（表4-8），并根据分配结果编制会计分录。

表 4-8　　　　　　　　　辅助生产费用分配表（直接分配法）

××年9月　　　　　　　　　　　　　　　　　　　　　　　单位：元

辅助生产车间	应分配费用	提供劳务总量	单位成本	各受益对象的受益数量和应分配费用									
				A产品		B产品		一车间		二车间		厂部	
				数量	金额	数量	金额	数量	金额	数量	金额	数量	金额
供水													
供电													
合计													

会计分录：

训练 4-3

【训练目的】练习用一次交互分配法分配辅助生产费用。

【训练资料】某企业设有供汽、机修两个辅助生产车间，本月份提供的劳务量和发生的费用总额如下：

1. 劳务供应量及各受益对象的耗用量如表 4-9 所示。

表 4-9　　　　　　　　　　　　劳务供应通知单

××年9月

辅助车间	本月产量		各受益对象耗用量						
	单位	数量	A产品	B产品	一车间	二车间	厂部	供汽	机修
供汽	吨公里	16 500	7 000	5 200	2 000	800	1 000		500
机修	工时	8 500	4 000	2 500	400	600	500	500	

2. 辅助生产费用明细账上归集的辅助生产费用总额为：供汽车间 4 950 元，机修车间 17 000 元。

【训练要求】

1. 采用一次交互分配法编制辅助生产费用分配表（表 4-10）。
2. 根据分配结果编制会计分录。

表 4-10　　　　　　　　辅助生产费用分配表（一次交互分配法）

××年9月　　　　　　　　　　　　　　　　　　　　　　　　单位：元

项目		供汽车间			机修车间			合计
		数量	分配率	分配额	数量	分配率	分配额	
第一步应分配的辅助生产费用								
交互分配	供汽车间							
	机修车间							
第二步应分配的辅助生产费用								
对外分配	生产成本——A产品							
	生产成本——B产品							
	制造费用——一车间							
	制造费用——二车间							
	管理费用							
	合计							

（1）交互分配的会计分录：

（2）对外分配的会计分录：

训练 4-4

【训练目的】练习用计划成本分配法分配辅助生产费用。

【训练资料】见训练 4-2。假定供汽车间每立方米的计划单位成本为 0.25 元，机修车间每小时的计划单位成本为 1.80 元。

【训练要求】

1. 编制辅助生产费用分配表（表 4-11）。

表 4-11　　　　　　　　　辅助生产费用分配表（计划成本法）

××年9月　　　　　　　　　　　　　　　　　　　　　　　单位：元

分配对象	分配数量		分配金额		合　计
	供　汽	机　修	供　汽	机　修	
	吨公里	小时	0.25 元/立方米	1.80 元/工时	
供汽车间					
机修车间					
A 产品					
B 产品					
一车间					
二车间					
厂　部					
合　计					

2. 编制辅助生产费用差异计算表（表 4-12）。

表 4-12　　　　　　　　辅助生产费用差异计算表

××年9月　　　　　　　　　　　　　　　　　　　　　　　单位：元

部　门	应 分 配 额			按计划成本的分配额	差　异　额
	直接发生	转　入	合　计		
供汽车间					
机修车间					
合　计					

3. 编制辅助生产费用差异分配表（表4-13）。

表4-13　　　　　　　　　　辅助生产费用差异分配表

××年9月　　　　　　　　　　　　　　　　　　　　　　　　　　　单位：元

分配对象	分配标准（计划分配额）	分　配　率	分　配　额
一车间			
二车间			
合　计			

注：以计入各种产品的辅助生产费用的计划成本为分配标准，一车间生产A产品，二车间生产B产品。分配率保留至小数位5位，余下四舍五入。

4. 编制辅助生产费用分配的会计分录。

会计分录：

训练4-5

【训练目的】 练习用代数分配法分配辅助生产费用。

【训练资料】 参见训练4-3的有关资料。

【训练要求】

1. 计算辅助生产费用分配率。

2. 编制辅助生产费用分配表（表4–14）。
3. 编制辅助生产费用分配的会计分录。

表4–14　　　　　　　辅助生产费用分配表（代数分配法）

××年9月

劳务供应部门	机修车间		供汽车间		合计
	数量	金额	数量	金额	
待分配费用和劳务量					
实际单位成本					
劳务受益对象　A产品					
B产品					
一车间					
二车间					
厂　部					
合　计					

（1）计算辅助生产费用分配率：

（2）会计分录：

训练 4-6

【**训练目的**】练习用实际成本法核算不可修复废品的废品损失。

【**训练资料**】某企业第一生产车间系生产甲产品，原材料在生产开始时一次投入。本月份完工合格品 580 件，生产过程中发现不可修复废品 20 件。合格品和废品的全部生产工时为 29 500 工时，其中：废品生产工时为 500 小时。甲产品生产成本明细账上的列示的合格品和废品的全部生产费用为：直接材料 9 万元，直接工资 16 225 元，制造费用 13 275 元，废品残料回收价值为 500 元。经查明，该批废品由工人操作不当造成，按规定应向直接责任人索赔 100 元，从其工资中扣除。

【**训练要求**】

1. 根据资料编制废品损失计算表（表 4-15）。直接材料费用按合格品产量和废品数量的比例分配，其他费用按生产工时比例分配。

2. 根据废品损失计算表编制会计分录。

表 4-15　　　　　　　　　　　　　**废品损失计算表**　　　　　　　　产品名称：甲产品
车间：一车间　　　　　　　　　　　　　　××年9月　　　　　　　　　　　　　　单位：元

项　目	数　量（件）	直接材料	生产工时（小时）	直接人工	制造费用	合　计
费用总额						
分配率						
废品成本						
减：残值						
减：赔款						
废品损失						

会计分录：

训练 4-7

【**训练目的**】练习用定额成本法核算不可修复废品的废品损失。

【训练资料】

1. 参见训练 4-6 的有关资料。

2. 甲产品的单位废品定额成本为：直接材料 160 元，每工时直接人工 0.58 元，制造费用 0.40 元。

【训练要求】

1. 按定额成本法填制废品损失计算表（表 4-16）。

2. 根据废品损失计算表编制会计分录。

表 4-16　　　　　　　　　　　　　废品损失计算表　　　　　　　　　产品名称：甲产品
车间：一车间　　　　　　　　　　　　××年9月　　　　　　　　　　　　　　　　单位：元

项　目	直接材料	直接人工	制造费用	成本合计
费用定额				
废品数量（工时）				
废品定额成本				
减：残值				
赔款				
废品损失				

会计分录：

训练 4-8

【训练目的】练习可修复废品修复费用和不可修复废品损失的核算。

【训练资料】某企业第一生产车间在生产甲产品时，有 20 件不可修复废品（按定额成本计算废品损失）和 10 件可修复废品。

1. 该企业本月份甲产品生产成本明细账上归集的全部生产费用（不包括返修费用）参见训练 4-7 的有关资料。

2. 对 20 件不可修复废品的废品损失按训练 4-7 的资料的计算。

3. 10 件可修复废品的修复费用如下：直接材料 500 元，直接工资 100 元，制造费用 50 元。

【训练要求】
1. 根据上述资料登记生产成本明细账（表4-17）和废品损失明细账（表4-18）。
2. 编制有关的会计分录。

表4-17　　　　　　　　　　　　　生产成本明细账
产品：甲产品　　　　　　　　　　　××年8月　　　　　　　　　产品名称：605件

××年		摘要	直接材料	直接人工	制造费用	废品损失	合　计
月	日						
略	略	根据各分配表	90 000	16 225	13 275		119 500

表4-18　　　　　　　　　　　　　废品损失明细账
　　　　　　　　　　　　　　　　　××年9月　　　　　　　　　产品名称：甲产品

××年		摘要	直接材料	直接人工	制造费用	合　计
月	日					
略	略	返修费用	500	100	50	650

会计分录：

训练4-9

【训练目的】练习停工损失的核算。

【训练资料】某企业第一生产车间×月份停工5天，停工期间发生的费用为：材料费684元，工人工资400元，计提福利费56元，应分配的制造费用360元。经查明，停工系责任事故造成，应由事故责任人张三赔偿500元，其余由该车间两种产品按生产工时比例分配负担。甲产品的生产工时为16 000小时，乙产品的生产工时为24 000小时。

【训练要求】

1. 计算该车间的停工净损失。
2. 在甲、乙两种产品之间分配停工净损失。
3. 编制有关的会计分录。

解：

（1）停工净损失 =
（2）分配率 =
　　甲产品负担停工损失 =
　　乙产品负担停工损失 =
（3）会计分录：

第五章 Chapter 5
生产费用在完工产品与在产品之间分配的核算

名词解释

1. 在产品

2. 广义在产品

3. 狭义在产品

4. 约当产量

5. 约当产量法

6. 定额成本法

判断题

1. 在产品清查结算的账务处理是通过"其他应收（付）款"账户进行的。（ ）
2. 由于完工程度不同，完工产品与月末在产品的各项加工费用不能直接按其生产数量比例计算分配，而应按约当产量比例计算分配。（ ）
3. 采用在产品按定额成本计价法，由于技术进步、劳动熟练程度提高而降低了当月消耗定额以后，反而会使完工产品成本相对地提高。（ ）
4. 在产品成本按所耗直接材料费用计算法适用于各月末在产品数量较大，各月末在产品数量变化也较大，产品成本中原材料费用和人工费等加工费用的比重相差不多的企业。（ ）
5. 企业所有产品均需要在月末将其生产费用的累计数在完工产品与在产品之间进行分配。（ ）
6. 约当产量是指月末在产品数量按照完工程度折算的相当于完工产品的产量。（ ）
7. 各月末在产品数量变化不大的产品，可以不计算月末在产品成本。（ ）
8. 定额比例法与在产品按定额成本计价法的适用条件是一致的。（ ）
9. 在产品按定额成本计价法计算时，如果产品成本中原材料费用所占比重较大，不能只计算在产品的材料定额成本。（ ）
10. 某工序在产品的完工率等于该工序的工时定额与完工产品工时定额的比率。（ ）
11. 如果一项产品的原材料不是在生产开始时一次投入，也不是随着加工进度陆续投入（原材料投入程度与加工进度或生产工时投入程序不一致），此时分配原材料费用的完工率按每一工序的原材料消耗定额计算。（ ）
12. 生产费用都必须在完工产品和在产品之间进行分配。（ ）

单项选择题

1. 不应列入企业广义在产品的是（   ）。

A. 正在车间加工中的在产品

B. 已完成一个或几个生产步骤，还需要加工的半成品

C. 对外销售的自制半成品

D. 未办理入库手续的产成品

2. 约当产量比例法不适用于（　　）的在产品成本计算。

　　A. 原材料费用在成本中所占比重较大

　　B. 月末在产品数量较大

　　C. 各月末在产品数量变化较大

　　D. 产品成本中原材料、人工费用的比重相差不多

3. 采用在产品成本按年初在产品成本计算的方法，则每月的完工产品成本为（　　）。

　　A. 每月发生的生产费用之和

　　B. 每月的生产费用在完工产品和在产品之间分配后，由完工产品负担的部分

　　C. 每月的生产费用加月初在产品成本

　　D. 每月生产费用加上月初在产品成本减去月末在产品成本

4. 某企业各项消耗定额和费用定额比较准确、稳定，而且各月末在产品数量变化不大，生产费用在完工产品和在产品之间进行分配一般采用（　　）。

　　A. 在产品成本按完工产品成本计算法

　　B. 在产品按定额成本计价法

　　C. 定额比例法

　　D. 在产品成本按年初在产品成本计算法

5. 如果某种产品的月末在产品数量较多，各月在产品数量变化较大，各项费用的比重相差不多，生产费用在完工产品与月末在产品之间分配，应采用的方法是（　　）。

　　A. 不计算在产品成本的方法

　　B. 在产品成本按年初在产品成本计算的方法

　　C. 在产品按所耗直接材料费用计算的方法

　　D. 约当产量法

6. 某产品经三道工序加工而成，各工序的工时定额分别为 10 小时、20 小时、20 小时。各工序在产品在本工序的加工程度按工时定额的 50% 计算。第三工序的完工程度（即完工率）为（　　）。

　　A. 40%　　　　　　　　　　　B. 50%

　　C. 80%　　　　　　　　　　　D. 100%

7. 某产品经三道工序加工而成，各工序的工时定额分别为 10 小时、20 小时、20 小时。各工序在产品在本工序的加工程度按工时定额的 50% 计算。第三工序的累计工时定额为（　　）。

　　A. 20 小时　　　　　　　　　　B. 30 小时

　　C. 40 小时　　　　　　　　　　D. 50 小时

8. 假定某工业企业某种产品本月完工 2 250 件，月末在产品数量 1 600 件，在产品完工程度测定为 35.15%，月初和本月发生的原材料费用共为 56 250 元，原材料随着加工进度陆续投入，则完工产品与月末在产品的原材料费用分别为（　　）元。

　　A. 45 000 和 11 250　　　　　　B. 40 000 和 16 250

C. 34 298 和 21 652　　　　　　D. 45 000 和 11 520

多项选择题

1. 生产费用在完工产品和在产品之间进行分配的方法一般有（　　　　）两种。
   A. 确定月末在产品费用，再从生产费用中减去月末在产品费用，计算完工产品成本
   B. 将生产费用在完工产品与月末在产品之间按照一定比例同时进行分配
   C. 约当产量法
   D. 定额比例法

2. 定额比例法一般适用于（　　　　）。
   A. 消耗定额或费用定额比较准确
   B. 各项消耗定额或费用定额比较稳定
   C. 各月末在产品数量变化较大
   D. 各月末在产品数量变化不大

3. 按完工产品和月末在产品数量比例分配计算完工产品和在产品成本，必须符合如下条件：（　　　　）。
   A. 在产品已近完工
   B. 原材料在生产开始时一次投料
   C. 各项消耗定额比较准确
   D. 月末在产品已经加工完成，但尚未验收入库

4. 完工产品和在产品之间分配费用的方法包括（　　　　）。
   A. 约当产量比例法　　　　　　B. 定额比例法
   C. 直接分配法　　　　　　　　D. 交互分配法

5. 选择生产费用在完工产品与在产品之间分配的方法时，应考虑的因素有（　　　　）。
   A. 在产品数量的多少　　　　　B. 各月在产品数量变化的大小
   C. 各项费用比重的大小　　　　D. 定额管理基础的好坏

6. 在某种产品月初、月末在产品数量不同的情况下，某月份计算产品成本时，能够使本月发生的费用等于本月完工产品成本的方法有（　　　　）。
   A. 计算在产品成本的方法
   B. 在产品成本按年初在产品成本计算的方法
   C. 约当产量法
   D. 定额成本法

7. 下列情况下，需要计算在产品完工率的有（　　　　）。
   A. 原材料在生产开始时一次投入
   B. 原材料分别在各工序开始时一次投入
   C. 材料随着加工进度陆续投入，投入程度与加工进度一致
   D. 原材料随着加工进度陆续投入，投入程度与加工进度不一致

8. 完工产品与月末在产品之间分配费用的约当产量法可以用来分配（　　　　）。

A. 直接材料费用 B. 直接人工费用
C. 制造费用 D. 管理费用

简答题

1. 为什么要进行在产品的数量核算？

2. 如何设置在产品台账？

3. 为简化核算工作，企业可采用什么方法进行月末在产品成本计算？

4. 怎样计算在产品完工程度？

 训练题

训练 5-1

【训练目的】练习在产品约当产量的计算。

【训练资料】某企业生产的丁产品要连续经过三道工序,各工序定额工时分别为 12 小时、12 小时和 6 小时,停留在各工序的在产品的完工程度为本工序 50%,丁产品停留在第一、第二、第三工序的在产品分别为 60 台、50 台和 50 台。

【训练要求】计算该企业期末在产品约当产量数。

解:
第一道工序在产品完工程度 =
第二道工序在产品完工程度 =
第三道工序在产品完工程度 =

表 5-1　　　　　　　　　在产品约当产量计算表

生产工序	工时定额（小时）	完工程度	月末在产品数量（台）	在产品约当产量（台）
1	12		60	
2	12		50	
3	6		50	
合计	30			

训练 5-2

【训练目的】练习用定额比例法在完工产品和在产品之间分配费用。

【训练资料】某产品月初在产品费用为:直接材料 2 000 元,直接人工 500 元,制造费用 200 元;本月费用为:直接材料 7 000 元,直接人工 2 500 元,制造费用 1 300 元。该产品本月有关定额资料如下:完工产品原材料定额成本 8 000 元,月末在产品原材料定额成本 2 000 元;完工产品定额工时 4 000 小时,月末在产品定额工时 1 000 小时。

【训练要求】采用定额比例法,在完工产品与月末在产品之间分配费用。

解:完工产品成本 =
　　月末在产品成本 =
　　计算过程:

训练 5-3

【训练目的】掌握在产品按定额成本计算法的应用。

【训练资料】A 产品材料费用定额为 3 元，材料在生产开始时一次投入，该产品各项消耗定额比较准确、稳定，各月在产品数量变化不大，月末在产品按定额成本计价。该种产品各工序工时定额和 8 月末在产品数量如表 5-2 所示。每道工序在产品的累计工时定额，按上道工序累计工时定额，加上本工序工时定额的 50% 计算。每小时费用定额为：直接人工费 0.75 元；制造费用 1 元。该种产品 8 月初在产品和 9 月份生产费用累计数为：直接材料 5 000 元，直接人工 4 500 元，制造费用 6 000 元，共计 15 500 元。

表 5-2　　　　　　　产品各工序工时定额和在产品数量

产品名称	所在工序号	本工序工时定额	在产品数量（件）
A	1	0.5	200
	2	2	125
	小计	2.5	325

【训练要求】
1. 计算月末在产品定额成本。
2. 计算完工产品成本。

解：月末在产品定额成本 =

完工产品成本 =

训练 5-4

【训练目的】练习用约当产量法在完工产品和在产品之间分配费用。

【训练资料】华德公司生产的 A 产品，本月完工 360 台，月末在产品 80 台，完工程度为 50%，原材料在生产开始时一次投入，A 产品的月初在产品成本和本月发生的生产费用之和如表 5-3 所示，假定本月份发生的废品损失全部由完工产品负担。

表 5-3　　　　　　　　　　A 产品成本资料　　　　　　　　　　单位：元

产品名称	成本项目	金　额
A 产品	直接材料	13 200
	直接人工	2 000
	制造费用	7 400
	废品损失	900
	合　计	23 500

【训练要求】采用约当产量法按成本项目计算本月完工产品和月末在产品成本。

解：
（1）计算各项费用分配率：

（2）计算完工产品成本：

（3）计算在产品成本：

第六章 Chapter 6
成本计算方法的分类

 名词解释

1. 单步骤生产

2. 多步骤生产

3. 生产组织

4. 生产工艺

5. 大量生产

6. 成批生产

7. 小批生产

8. 单件生产

判断题

1. 工业企业的生产按照工艺过程特点可以分为大量生产、成批生产和单件生产三种类型。（   ）
2. 所有多步骤生产企业，成本计算都必须采用分步法。（   ）
3. 采用不同的产品成本计算方法，主要是企业或生产车间为了结合自身产品生产的特点，加强成本管理。（   ）
4. 不论什么企业，不论生产什么类型的产品，也不论管理要求如何，最终都必须按照产品品种计算出产品成本。（   ）
5. 分批法适用于大量大批生产企业。（   ）
6. 品种法是产品成本计算中最基本的方法。（   ）
7. 在品种法、分批法、分类法、标准成本法和变动成本法中，标准成本法和变动成本法属于成本计算的辅助方法，其他方法属于基本方法。（   ）
8. 成本计算对象不是区分产品成本计算方法的主要标志。（   ）

9. 一个企业或一个车间的各种产品可同时采用不同的成本计算方法。（   ）
10. 一种产品的不同生产步骤，由于生产特点和管理要求不同，可以采用不同的成本计算方法。（   ）

单项选择题

1. 下列方法中，属于产品成本计算基本方法的是（   ）。
   A. 标准成本法   B. 变动成本法
   C. 分类法   D. 分步法
2. 区分各种产品成本计算基本方法的标志是（   ）。
   A. 成本计算期间   B. 成本计算对象
   C. 间接计入费用的分配方法 D. 在产品费用的分配方法
3. 品种法的特点是（   ）。
   A. 分批、不分步、不分品种计算产品成本
   B. 不分批、不分步、分品种计算产品成本
   C. 不分批、分步、分品种计算产品成本
   D. 不分步、分批、分品种计算产品成本
4. 产品成本计算的定额法（   ）。
   A. 从计算产品实际成本的角度讲是必不可少的
   B. 从计算产品实际成本的角度讲不是必不可少的
   C. 是产品成本计算的基本方法
   D. 从计算产品定额成本的角度讲对企业没有实际意义
5. 在不分批、不分步的情况下，企业产品成本计算的基本方法是（   ）。
   A. 分步法   B. 定额法
   C. 品种法   D. 分批法
6. 在小批单件生产、管理上不要求分步计算成本的情况下，合适的成本计算方法是（   ）。
   A. 分批法   B. 品种法
   C. 分类法   D. 定额法

多项选择题

1. 任何企业都应根据（   ）确定具体的成本计算方法。
   A. 生产类型特点   B. 管理要求
   C. 产品品种   D. 产品产量
2. 下列各项中，属于按生产组织划分的有（   ）。
   A. 单步骤生产   B. 多步骤生产

  C. 大量大批生产   D. 单件小批生产

  3. 如果企业或车间的规模较小，管理上又不要求按生产步骤考核生产耗费，在这种情况下计算产品成本（　　　　）。

   A. 不按生产步骤计算成本

   B. 可以只按产品品种计算成本

   C. 可以只按产品批别计算成本

   D. 可以既按生产步骤，又按产品品种计算成本

  4. 产品成本计算的基本方法有（　　　　）。

   A. 品种法   B. 分步法

   C. 分类法   D. 定额法

  5. 品种法适用于（　　　　）。

   A. 多步骤但管理上不要求分步骤计算成本的单件生产

   B. 多步骤但管理上不要求分步骤计算成本的大批生产

   C. 大量大批生产的单步骤生产

   D. 多步骤生产，管理上要求分步骤计算成本的大批生产

  6. 在管理上不要求提供各生产步骤成本资料的情况下，在大量大批多步骤生产中，可以采用品种法计算产品成本的条件有（　　　　）。

   A. 生产规模较小   B. 车间是封闭式的

   C. 定额管理较好   D. 生产按流水线组织

 简答题

1. 企业生产类型是如何划分的？

2. 企业的生产类型特点及管理要求对产品成本计算方法的影响主要表现在哪些方面？

3. 产品成本计算的基本方法有哪些？其适用范围如何？

4. 成本计算的辅助方法有哪些？它们与成本计算的基本方法的关系如何？

5. 在实际工作中，应当如何选择产品成本计算方法？

第七章 Chapter 7
产品成本计算的品种法

1. 品种法

2. 简单法

3. 多品种的品种法

1. 品种法主要适用于大量、大批、多步骤生产企业。　　　　　　　　（　　）
2. 品种法是成本计算方法中最基本的方法，其他成本计算方法都是在品种法的基础上演变而来的。　　　　　　　　　　　　　　　　　　　　　　　　　（　　）
3. 因为采用品种法可以计算出每一种产品的成本，所以就不需要计算在产品成本。
　　　　　　　　　　　　　　　　　　　　　　　　　　　　　　（　　）

4. 企业采用品种法计算产品成本时，不论月内是否有完工产品，都必须按月计算成本。（   ）
5. 按品种法计算产品成本，其成本计算期与会计报告期是一致的。（   ）

单项选择题

1. 单一的品种法（简单法）适用于(   )的情况。
   A. 产品单一   B. 单件小批
   C. 生产周期较长的系列产品   D. 各种费用均应在各种产品间分配
2. 品种法成本计算程序的第一步骤是(   )。
   A. 归集和分配各种要素费用   B. 归集和分配辅助生产费用
   C. 开设生产成本明细账   D. 归集和分配制造费用
3. 采用品种法计算产品成本，如果只生产一种产品，发生的生产费用(   )直接计入费用。
   A. 全部都是   B. 部分是
   C. 全部不是   D. 以上都不对
4. 在小批单件且为单步骤生产或管理上不要求分步骤计算成本的多步骤生产情况下，产品成本计算方法一般是(   )。
   A. 分步法   B. 品种法
   C. 分批法   D. 定额法
5. 一般地说，化肥厂应采用的产品成本计算基本方法是(   )。
   A. 品种法   B. 分批法
   C. 分步法   D. 分类法
6. 钢铁厂适宜采用的成本计算基本方法是(   )。
   A. 品种法   B. 分步法
   C. 分批法   D. 分类法

多项选择题

1. 品种法的特点包括（   ）。
   A. 以产品品种为成本计算对象   B. 成本计算按月定期进行
   C. 月末在产品费用一般需经分配得到   D. 是基本方法中最基本的成本计算方法
2. 品种法适用于(   )。
   A. 大量大批的单步骤生产的企业
   B. 管理上不要求提供各步骤成本资料的大量大批多步骤生产的企业
   C. 按产品生产步骤计算产品成本的企业
   D. 按产品批别计算产品成本的企业

1. 哪些企业适合采用单一品种的品种法？

2. 哪些企业适合采用多品种的品种法？

3. 简述品种法的特点。

4. 简述品种法的成本计算程序。

训练 7－1

【训练目的】练习一次投料情况下品种法的应用。

【训练资料】某厂设有加工、装配两个基本生产车间，大量生产甲、乙两种产品。该厂实行一级成本核算制,产品成本项目为直接材料、直接人工和制造费用。

1. 月初在产品成本如表7-1所示。

表7-1　　　　　　　　　　　　月初在产品成本资料　　　　　　　　　　　　单位:元

成本项目 产品名称	直接材料	直接人工	制造费用	合　计
甲产品	8 300.00	1 104.00	1 280.00	10 684.00
乙产品	6 119.00	363.00	500.00	6 982.00

2. 本月发生费用如下:

(1) 本月发生材料费用34 675元,其中:甲产品耗用9 500元;乙产品耗用8 075元;甲、乙产品共同耗用15 466元;

(2) 本月生产工人工资4 500元;

(3) 按工资费用的14%计提福利费;

(4) 产品生产应负担的电费为2 000元;

(5) 本月制造费用共计5 800元。

3. 其他有关成本资料:

(1) 甲产品本月完工300台,月末在产品80台;乙产品本月完工200台,月末在产品60台;甲、乙产品在产品完工程度均为50%,原材料于生产开始时一次投入。

(2) 本月甲产品生产工时6 000小时,乙产品工时4 000小时。

【训练要求】

1. 按甲、乙产品的直接领用材料金额分配两种产品共同耗用的材料费。

2. 按甲、乙产品的生产工时分配动力费、工资费、福利费及制造费用。

3. 按约当产量法确定完工产品与月末在产品成本并登记甲、乙产品成本计算单(表7-2、表7-3)。

(1) 计算各成本项目费用分配率和分配额:

（2）计算各成本项目单位产品成本：

（3）计算完工产品总成本：

表 7-2　　　　　　　　　　　　　　甲产品成本计算单

完工：300 台

未完工：80 台　　　　　　　　　　　　　　　　　　　　　　　　　本月生产工时：6 000

项　　目	直接材料	直接人工	制造费用	合　　计
月初结存				
本月直接耗用				
本月共同耗用				
合　　计				
分配率				
完工转出				
月末结存				

表 7-3　　　　　　　　　　　　　　乙产品成本计算单

完工：200 台

未完工：60 台　　　　　　　　　　　　　　　　　　　　　　　　　本月生产工时：4 000

项　　目	直接材料	直接人工	制造费用	合　　计
月初结存				
本月直接耗用				
本月共同耗用				
合　　计				
分配率				
完工转出				
月末结存				

训练 7-2

【**训练目的**】练习陆续投料情况下品种法的应用。

【**训练资料**】企业基本生产车间生产甲、乙两种产品,成本核算采用品种法,成本核算资料如下:

1. 本月产量、工时记录、在产品完工程度(原材料陆续投入),如表 7-4 所示。

表 7-4　　　　　　　　　　　　　本月产品生产情况表

产品名称	月初在产品(件)	本月完工产品(件)	月末在产品(件)	月末在产品完工程度	实用工时
甲产品	30	200	40	50%	600
乙产品	10	80	40	50%	400

2. 月初在产品成本:甲产品为 6 820 元,其中:直接材料 2 460 元,直接人工 3 080 元,制造费用 1 280 元;乙产品为 2 360 元,其中:直接材料 1 200 元,直接人工 500 元,制造费用 660 元。本月发生费用见表 7-5。

表 7-5　　　　　　　　　　　　　生产费用分配表

产品名称	生产工时	直接材料	直接人工		制造费用	
			分配率	金额	分配率	金额
甲产品	600	16 240				
乙产品	400	7 800				
合计	1 000	24 040		11 000		9 600

【**训练要求**】

1. 按工时比例将本月的直接人工费、制造费用在甲、乙产品间分配,并将计算分配结果填写在表 7-5 中。
2. 按约当产量比例法完成生产费用在完工产品与月末在产品之间的分配。
3. 按上述要求分别编制生产费用分配表(表 7-5)和产品成本计算单(表 7-6、表 7-7)。

(1)按工时比例将本月的直接人工费、制造费用在甲、乙产品之间分配:

(2) 按约当产量比例法完成生产费用在完工产品与月末在产品之间的分配：

表7-6　　　　　　　　　　　　甲产品成本计算单

项　　目	直接材料	直接人工	制造费用	合　　计
月初结存				
本月发生				
合　　计				
完工转出				
月末结存				

表7-7　　　　　　　　　　　　乙产品成本计算单

项　　目	直接材料	直接人工	制造费用	合　　计
月初结存				
本月发生				
合　　计				
完工转出				
月末结存				

训练7-3

【训练目的】练习品种法下约当产量法的运用。

【训练资料】某企业所生产的A产品分三步骤连续加工，管理上不要求分步骤计算各车间半成品成本，原材料在生产开始时一次全部投入逐步加工，该企业8月份产成品完工入库3 400件，在产品本步骤加工程度均按50%计算，完工率采用累计工时定额相当于产品工时定额比例计算，工资及其他费用采用约当产量法分配，其他有关资料如表7-8、表7-9所示。

表 7-8　　　　　　　　　　　A 在产品约当产量计算表

步　　骤	工时定额	盘存数量	完工率（%）	约当产量
1	2	200		
2	5	100		
3	3	100		
合　　计	10	400	—	

表 7-9　　　　　　　　　　　本月生产费用汇总表

成本项目	期初在产品成本	本期发生费用
直接材料	7 500	35 000
直接工资	1 250	17 500
其他直接费用	175	2 450
制造费用	1 000	14 000
合　　计	9 925	68 950

【训练要求】

1. 计算 A 产品的期末在产品完工率及约当产量。
2. 登记 A 产品成本计算单（表 7-10）。
3. 编制完工产品成本汇总表（表 7-11）。

（1）计算各步骤在产品完工率：

（2）根据各步骤完工率计算各步骤在产品约当产量，并将计算法单填入表 7-8 中：

（3）分配各项生产费用：

(4) 填列 A 产品成本计算单（表 7-10）。

表 7-10　　　　　　　　　　产品成本计算单（A 产品）　　　　　　　　　单位：元

年		摘　要					
月	日						

(5) 编制 A 产品完工产品成本汇总表（表 7-11）。

表 7-11　　　　　　　　　　完工产品成本汇总表

××年×月　　　　　　　　　　　　　　　　　　　　　　　　　单位：元

成本项目＼产品名称	甲产品（3 400 件）	
	总成本	单位成本
直接材料		
直接人工		
其他直接费用		
制造费用		
合　计		

第八章 Chapter 8

产品成本计算的分批法

1. 产品成本计算分批法

2. 简化分批法

1. 产品成本计算的分批法是按照产品批别计算产品成本的一种方法,它只适用于单件生产。   (   )
2. 在同一月份内投产的产品批数很多的企业中,不宜采用简化的分批法,即不分批计算在产品成本的分批法。   (   )
3. 采用简化分批法,每月发生的各项间接计入费用,不是按月在各批产品之间进行分配。   (   )
4. 如果月末未完工产品的批数不多,则不宜采用简化分批法。   (   )
5. 间接计入费用累计分配率,只是某批产品的完工产品与月末在产品之间计入费用的依据。   (   )
6. 在采用简化分批法下,如果前几个月的间接计入费用水平比本月低,而某批产品本

月投产、当月完工，则该批产品的成本就会发生不应有的偏低。　　　　（　　）

7. 单件生产的企业，月末计算成本时，需要在完工产品和在产品之间分配费用。
　　　　　　　　　　　　　　　　　　　　　　　　　　　　　　（　　）

8. 在单件和小批生产中，产品成本有可能在某批产品完工时计算，因而成本计算是不定期的，而与生产周期相一致。　　　　　　　　　　　　　　　　　（　　）

9. 在单件和小批生产中，产品的种类和每批产品的批量，大多是根据购买单位的订单确定。因而按批、按件计算产品成本，也就是按订单计算产品成本。　　　（　　）

10. 如果在一张订单中只规定一件产品，但其属于大型复杂的产品，价值大，生产周期较长，也可以按照产品的组成部分分批组织生产，计算成本。　　　　　（　　）

11. 如果同一时期内，几张订单中有相同的产品，还应按订单分批组织生产，计算成本。　　　　　　　　　　　　　　　　　　　　　　　　　　　　　　（　　）

12. 如果一张订单规定有几种产品，也应合并为一批组织生产计算成本。　（　　）

13. 采用分批法，如果批内产品跨月陆续完工情况不多，完工产品数量占全部批量比重较小，完工产品可按计划成本或定额成本计算成本。　　　　　　　　（　　）

14. 为了使一批产品同时完工，避免跨月陆续完工情况，减少在完工产品与月末在产品之间分配费用的工作，产品的批量越小越好。　　　　　　　　　　（　　）

15. 简化的分批法是不分批计算在产品成本的分批法。　　　　　　　　（　　）

16. 简化的分批法也叫累计分配法。　　　　　　　　　　　　　　　　（　　）

17. 采用简化分批法，各批产品之间分配间接费用的工作和完工产品与在产品之间分配间接费用的工作，都是利用累计间接费用分配率，到产品完工时合并一起进行。（　　）

18. 采用简化的分批法，必须设立基本生产成本二级账。　　　　　　　（　　）

单项选择题

1. 采用简化的分批法，在产品完工之前，产品成本明细账（　　）。
   A. 不登记任何费用
   B. 只登记直接计入费用（例如原材料费用）和生产工时
   C. 只登记原材料费用
   D. 只登记间接费用，不登记直接费用

2. 在简化的分批法下，累计间接计入费用分配率（　　）。
   A. 只是在各批完工产品之间分配间接计入费用的依据
   B. 只是在完工批别与在产品批别之间分配间接计入费用的依据
   C. 只是某批产品的完工产品与在产品之间分配间接计入费用的依据
   D. 既是 A，又是 B 和 C

3. 下列哪种成本计算方法，成本计算期与生产周期是一致的？（　　）
   A. 分批法　　　　　　　　　B. 品种法
   C. 分步法　　　　　　　　　D. 分类法

4. 简化分批法适用于（　　）的情况。

A. 每月在产品数量比较稳定 B. 生产中损耗数量较大
C. 期末在产品占总产量的百分比不大 D. 各月间接计入费用的水平相差不多

多项选择题

1. 产品成本计算分批法的特点有(　　　)。
   A. 生产费用按产品批别或订单归集
   B. 成本计算期与生产周期一致
   C. 成本计算定期进行
   D. 不在完工产品和在产品之间分配生产费用
   E. 生产费用按各个加工步骤归集,计算各步骤半成品成本

2. 分批法适用于(　　　)。
   A. 小批生产
   B. 管理上不要求分步计算成本的多步骤生产
   C. 分批轮番生产同一种产品
   D. 单件生产
   E. 大量大批的多步骤生产

3. 采用分批法计算产品成本时,如果批内产品跨月陆续完工的情况不多,完工产品数量占全部批量的比重很小,先完工的产品可以按下列成本计价从产品成本明细账中转出(　　　)。
   A. 按计划单位成本计价
   B. 按定额单位成本计价
   C. 按近期相同产品的实际单位成本计价
   D. 按实际单位成本计价

4. 采用简化的分批法,各月(　　　)。
   A. 只计算完工产品成本
   B. 只对完工产品分配间接费用
   C. 不分批计算在产品成本
   D. 不在完工产品与在产品之间分配费用

5. 采用简单的分批法(　　　)。
   A. 必须设立基本生产成本二级账
   B. 在产品完工之前,产品成本明细账只登记原材料费用和生产工时
   C. 在基本生产成本二级账中只登记间接费用
   D. 不分批计算在产品成本
   E. 适用于各月间接计入费用的水平相差不多的情况

6. 分批法所设立的基本生产成本二级账的作用有(　　　)。
   A. 提供全部产品的累计生产费用资料
   B. 提供全部产品的累计生产工时资料

C. 计算登记全部产品累计间接计入费用分配率
D. 计算登记完工产品总成本
E. 计算登记月末在产品总成本

简答题

1. 分批法的特点是什么？

2. 简述分批法成本计算程序。

3. 简化分批法有何特点？

4. 简化分批法核算的基本程序是什么？

训练 8-1

【训练目的】练习分批法的应用。

【训练资料】某企业生产甲、乙两种产品,生产组织属于小批生产,采用分批法计算成本。

1. 本月(5月)生产的产品批号有:9414 批号:甲产品 10 台,本月投产,本月完工 6 台;9415 批号:乙产品 10 台,本月投产,本月完工 2 台。

2. 本月(5月)各批号生产费用资料如表 8-1 所示。

表 8-1　　　　　　　　　　本月生产费用汇总表　　　　　　　　　　单位:元

批　　号	直接材料	直接人工	制造费用
9414	3 360	2 350	2 800
9415	4 600	3 050	1 980

9414 批号甲产品完工数量较大,原材料在生产开始时一次投入,其他费用在完工产品与在产品之间采用约当产量法分配,在产品完工程度为 50%。

9415 批号乙产品完工数量少,完工产品按计划成本结转。每台产品计划成本:直接材料 460 元,直接人工 350 元,制造费用 240 元。

【训练要求】根据上述资料,采用分批法,登记产品成本明细账(表 8-2、表 8-3),计算各批产品的完工产品成本和月末在产品成本。

表 8-2　　　　　　　　　　基本生产成本明细账

生产批号:　　　　　　　　　　　　　　　　　　　　投产日期:
产品名称:　　　　批量:　　　　　　　　　　　　　完工日期:

××年		摘　要	直接材料	直接人工	制造费用	合　计
月	日					

表 8-3　　　　　　　　　　基本生产成本明细账

生产批号:　　　　　　　　　　　　　　　　　　　　投产日期:
产品名称:　　　　批量:　　　　　　　　　　　　　完工日期:

××年		摘　要	直接材料	直接人工	制造费用	合　计
月	日					

训练 8-2

【训练目的】练习简化分批法的应用。

【训练资料】某工业企业生产组织属于小批生产，产品批数多，而且月末有许多批号产品完工，因而采用简化分批法计算产品成本。

1. 9月份生产批号有：

　　9420号：甲产品5件，8月投产，9月20日全部完工；
　　9421号：乙产品10件，8月投产，9月完工6件；
　　9422号：丙产品5件，8月投产，尚未完工；
　　9423号：丁产品6件，9月初投产，尚未完工。

2. 各批号9月末累计材料费用（原材料在生产开始时一次投入）和工时为：

　　9420号：原材料18 000元，工时9 020小时；
　　9421号：原材料24 000元，工时21 500小时；
　　9422号：原材料15 800元，工时8 300小时；
　　9423号：原材料11 080元，工时8 220小时。

3. 9月末，该企业全部产品累计直接材料费用68 880元，工时47 040小时，直接人工费用18 816元，制造费用28 224元。

4. 9月末，完工产品工时23 020小时，其中乙产品工时14 000小时。

【训练要求】

1. 根据上列资料，登记基本生产成本二级账和各批产品成本明细账。
2. 计算和登记累计间接计入费用分配率。
3. 计算各批完工产品成本。

表 8-4　　　　　　　　　基本生产成本二级账

年		摘　要	生产工时	直接材料	直接人工	制造费用	合　计
月	日						
9	30	至9月末累计					
9	30	费用分配率					
9	30	本月完工转出					
9	30	月末在产品成本					

表 8-5　　　　　　　　　基本生产成本明细账

生产批号：9420　　　　　　　　　　　　　　　　　　　　　投产日期：8月×日
产品名称：甲产品　　　　　　　　　　　　　批量：5件　　完工日期：本月完工5

年		摘　要	生产工时	直接材料	直接人工	制造费用	合　计
月	日						
9	30	至9月末累计					
9	30	累计及分配率					
9	30	转完工产品成本					
9	30	完工产品单位成本					

表 8-6 基本生产成本明细账

生产批号：9421 投产日期：8月×日
产品名称：乙产品 批量：10件 完工日期：9月末完工

年		摘 要	生产工时	直接材料	直接人工	制造费用	合 计
月	日						
9	30	至9月末累计					
9	30	累计分配率					
9	30	转完工6件成本					
9	30	月末在产品成本					

表 8-7 基本生产成本明细账

生产批号：9422 投产日期：8月×日
产品名称：丙产品 批量：5件 完工日期：

年		摘 要	生产工时	直接材料	直接人工	制造费用	合 计
月	日						
9	30	至9月末累计					

表 8-8 基本生产成本明细账

生产批号：9423 投产日期：9月×日
产品名称：丁产品 批量：6件 完工日期：9月末完工

年		摘 要	生产工时	直接材料	直接人工	制造费用	合 计
月	日						
9	30	至9月末累计					

第九章 Chapter 9
产品成本计算的分步法

 名词解释

1. 分步法

2. 逐步结转分步法

3. 综合结转方式分步法

4. 成本还原

5. 分项结转方式分步法

6. 平行结转分步法

判断题

1. 产品成本计算的分步法中的"分步"应与实际生产的步骤完全一致。（　　）
2. 平行结转分步法下，不需要通过"自制半成品"科目进行总分类核算。（　　）
3. 逐步结转分步法下，半成品成本在各步骤的产品成本明细账之间直接结转时，不必进行结转半成品成本的会计处理。（　　）
4. 成本还原的对象是还原前的产成品成本。（　　）
5. 综合结转半成品成本有利于从企业角度考核和分析产成品成本的结构。（　　）
6. 不论是综合结转还是分项结转，半成品成本都是随着半成品实物的转移而结转。（　　）
7. 采用逐步结转分步法，如果是综合结转，通常需要进行成本还原。（　　）
8. 逐步结转分步法与平行结转分步法的区别在于是否需要计算半成品成本。（　　）

单项选择题

1. 产品成本计算的分步法是(　　)。
   A. 分车间计算产品成本的方法
   B. 计算各步骤半成品和最后步骤产成品成本的方法
   C. 按照生产步骤计算产品成本的方法
   D. 计算产品成本中各步骤"份额"的方法
2. 采用逐步结转分步法，在完工产品与在产品之间分配费用，是指在(　　)之间的费用分配。
   A. 产成品与月末在产品
   B. 完工半成品与月末加工中的在产品

C. 产成品与广义的在产品

D. 上一步骤的完工半成品与加工中在产品，最后步骤的产成品与加工中的在产品

3. 成本还原的对象是( )。

A. 产成品成本

B. 各步骤所耗上一步骤半成品的综合成本

C. 最后步骤的产成品成本

D. 各步骤半成品成本

4. 采用平行结转分步法( )。

A. 不能全面地反映各个生产步骤产品的生产耗费水平

B. 能够全面地反映各个生产步骤产品的生产耗费水平

C. 能够全面地反映第一个生产步骤产品的生产耗费水平

D. 能够全面地反映最后一个生产步骤产品的生产耗费水平

5. 进行成本还原，应以还原分配率分别乘以( )。

A. 本月所产半成品各个成本项目的费用

B. 本月所耗半成品各个成本项目的费用

C. 本月所产该种半成品各个成本项目的费用

D. 本月所耗该种半成品各个成本项目的费用

 多项选择题

1. 采用分步法，计算各步骤半成品成本是( )。

A. 成本计算的需要　　　　　　　B. 成本控制的需要

C. 对外销售半成品的需要　　　　D. 全面考核和分析成本计划执行情况的需要

2. 采用逐步结转分步法，按照结转的半成品成本在下一步骤产品成本明细账中反映的方法，分为( )。

A. 综合结转法　　　　　　　　　B. 分项结转法

C. 按实际成本结转　　　　　　　D. 按计划成本结转

E. 按定额成本结转

3. 按计划成本综合结转半成品成本的优点包括( )。

A. 简化、加速成本核算工作

B. 便于进行成本考核和分析

C. 便于考核产品成本的构成

D. 便于从整个企业角度进行分析

E. 直接提供按原始成本项目反映的产品成本

4. 按实际成本综合结转半成品成本的缺点有( )。

A. 领用半成品实际单位成本计算繁琐

B. 各步骤不能同时计算成本

C. 不能直接提供按原始成本项目反映的产品成本

D. 不能据以从整个企业角度考核和分析产品成本的构成和水平

E. 不能满足对外销售的需要

5. 在(　　　)等情况下要求进行成本还原。

　　A. 各步骤半成品成本结转采用综合结转法

　　B. 各步骤半成品按实际成本结转

　　C. 各步骤半成品按计划成本结转

　　D. 管理要求从企业角度考核和分析产品成本的构成和水平

　　E. 要求提供按原始成本项目反映的成本资料

6. 广义的在产品是指(　　　)。

　　A. 尚在本步骤加工中的在产品

　　B. 转入各半成品库的半成品

　　C. 已从半成品库转到以后各步骤进一步加工，尚未最后产成的在产品

　　D. 全部加工中的在产品和半成品

　　E. 只包括已完工的半成品

7. 在平行结转分步法下，完工产品与在产品之间的费用分配，是指下列(　　　)两者之间的费用分配。

　　A. 产成品与广义的在产品

　　B. 产成品与狭义的在产品

　　C. 各步骤完工半成品与月末加工中的在产品

　　D. 前面步骤的产成品与广义的在产品，最后步骤的产成品与狭义的在产品

8. 平行结转分步法是指(　　　)。

　　A. 各步骤将发生的生产费用平行结转、汇总计入产成品成本的方法

　　B. 各步骤计算产成品耗用的各种半成品成本，然后平行结转入产成品成本的方法

　　C. 各步骤只计算本步骤发生的生产费用

　　D. 各步骤只将本步骤生产费用中应计入产成品成本中的份额平行转入产成品成本

 简答题

1. 简述分步法的特点。

2. 简述逐步结转分步法的特点和适用范围。

3. 为什么要进行成本还原？常用的成本还原方法有哪两种？它们的共同特点是什么？

4. 半成品成本的综合结转和分项结转各有何优缺点？

5. 简述平行结转分步法的特点和适用范围。

6. 简述逐步结转分步法与平行结转分步法的区别。

训练 9-1

【训练目的】 练习逐步结转分步法下综合结转法的应用。

【训练资料】 某厂生产甲产品,连续经过两个步骤进行加工,采用逐步结转分步法(综合结转)计算产品成本。原材料在开始生产时一次投入,各步骤在产品成本采用约当产量法,各步骤在产品的完工程度均为50%。第一步骤完工半成品全部直接转给第二步骤继续加工(见表9-1、表9-2)。

表 9-1　　　　　　　　　　　产 量 记 录　　　　　　　　　　　单位:件

项　目	一车间	二车间
月初在产品数量	30	40
本月投产(或上车间转入)数量	180	190
本月完工数量	190	200
月末在产品数量	20	30

表 9-2　　　　　　　期初在产品成本和本月生产费用　　　　　　单位:元

车　间	一车间		二车间	
	期初在产品成本	本月发生费用	期初在产品成本	本月发生费用
一车间直接材料或二车间半成品	900	7 500	2 730	
直接人工	250	950	300	1 850
制造费用	220	780	250	1 685

【训练要求】

1. 根据以上资料登记各车间产品成本明细账(表9-3、表9-4)并计算一车间转出的半成品成本和二车间结转的完工产品成本。

2. 根据计算结果进行成本还原(表9-5)。

表 9-3　　　　　　　　　　　产品成本明细账

车间:一车间　　产品名称:甲产品　　本月完工(件):190　　月末在产品(件):20　　单位:元

年		摘　要	直接材料	直接人工	制造费用	合　计
月	日					

表 9-4　　　　　　　　　　　　　　　产品成本明细账

车间：二车间　　产品名称：甲产品　　本月完工（件）：200　　月末在产品（件）：30　　单位：元

年		摘　要	自制半成品	直接人工	制造费用	合　计
月	日					

表 9-5　　　　　　　　　　　　　　　产品成本还原计算表　　　　　　　　　　　　　　单位：元

项　目	自制半成品	直接材料	直接人工	制造费用	合　计
二车间还原前的产品总成本					
一车间半成品成本					
还原分配率					
二车间还原后的半成品成本					
二车间还原后的总成本					
完工产品单位成本					

训练 9-2

【训练目的】练习逐步结转分步法下综合结转分步法和分项结转分步法的比较。

【训练资料】某企业生产 A 产品需经过一车间和二车间连续加工完成。采用逐步结转分步法计算成本，二车间期初在产品成本 12 000 元，其中半成品 1 万元，人工费 800 元，制造费用 1 200 元；一车间本月转入二车间的生产费用合计（半成品成本）8 万元，其中：原材料 5 万元，人工费 1 万元，制造费用 2 万元。二车间本月发生的工资费用 6 000 元，制造费用 12 500 元。二车间期末在产品按定额成本核算 18 000 元，其中：半成品成本 15 000 元，人工费 1 100 元，制造费用 1 900 元。

【训练要求】根据以上资料分别采用综合结转分步法和分项结转分步法登记二车间产品成本明细账（表 9-6、表 9-7），并计算结转完工产品成本。

表 9-6　　　　　　　　　　　　　　　产品成本明细账

车间：二车间　　　　　　　　　　　　（综合结转）　　　　　　　　　　　　产品名称：A 产品

成本项目	直接材料	直接人工	制造费用	合　计
期初在产品成本				
本月发生费用				
合　计				
转完工产品成本				
期末在产品成本				

表 9-7 产品成本明细账 产品名称：A产品
车间：二车间 （分项结转）

成本项目		直接材料	直接人工	制造费用	合　计
期初在产品成本					
本月发生费用	上步转入				
	本步发生				
合　计					
转完工产品成本					
期末在产品成本					

训练 9-3

【训练目的】 练习平行结转分步法的应用。

【训练资料】 某制造企业设有三个基本生产车间，连续加工生产丙产品。一车间生产甲半成品；二车间将转来的甲半成品加工成乙半成品，三车间将转来的乙半成品再加工成丙产品。该企业采用平行结转分步法计算产品成本。该企业7月份有关成本计算资料如表9-8、表9-9所示。

表 9-8　　　　　　　　　　　产 量 记 录　　　　　　　　　　计量单位：件

摘　要	一车间	二车间	三车间
月初在产品数量	40	30	10
本月投产数量或车间转来数量	120	150	130
本月生产完成数量	150	130	100
月末在产品数量	10	50	40

表 9-9　　　　　　　　　　成本费用资料

摘　要	月初在产品成本				本月发生费用			
	一车间	二车间	三车间	合计	一车间	二车间	三车间	合计
直接材料	12 800			2 800	19 200			19 200
直接人工	1 800	750	200	750	4 050	4 200	4 600	12 850
制造费用	1 080	450	120	650	2 430	2 520	2 760	7 710
合　计	15 680	1 200	320	7 200	25 680	6 720	7 360	39 760

【训练要求】

1. 将以上资料分别记入各车间的产品成本明细账（表9-10至表9-12）。
2. 编制"约当产量计算表"（表9-13），计算甲半成品、乙半成品、丙产品的约当产量。假定材料在生产开始时一次投入，加工费用陆续发生，比较均衡，每个车间在产品的完工程度一律按50%计算。

3. 计算结转完工产品成本的份额。
4. 根据各车间产品成本明细账编制"丙产品成本汇总计算表"(表9-14)。

表 9-10　　　　　　　　　　　产品成本明细账
车间：一车间　　　　　　　　　　　　　　　　　　　　　　产品名称：甲半成品

摘要	直接材料	直接人工	制造费用	合计
月初在产品成本				
本月发生费用				
合　计				
约当产量				
单位成本（分配率）				
转完工产品成本份额				
月末在产品成本				

表 9-11　　　　　　　　　　　产品成本明细账
车间：二车间　　　　　　　　　　　　　　　　　　　　　　产品名称：乙半成品

摘要	直接材料	直接人工	制造费用	合计
月初在产品成本				
本月发生费用				
合　计				
约当产量				
单位成本（分配率）				
转完工产品成本份额				
月末在产品成本				

表 9-12　　　　　　　　　　　产品成本明细账
车间：三车间　　　　　　　　　　　　　　　　　　　　　　产品名称：丙成品

摘要	直接材料	直接人工	制造费用	合计
月初在产品成本				
本月发生费用				
合　计				
约当产量				
单位成本（分配率）				
转完工产品成本份额				
月末在产品成本				

表 9-13　　　　　　　　　　　　　约当产量计算表　　　　　　　　　　　单位：件

车间	项目	约当产量
一车间	材料	
	工费	
二车间	材料	
	工费	
三车间	材料	
	工费	

表 9-14　　　　　　　　　　　　丙产品成本汇总计算表　　　　　　　　　　单位：元

摘　要	直接材料	直接人工	制造费用	合　计
一车间转入				
二车间转入				
三车间转入				
完工产品总成本				
完工产品单位成本				

第十章 Chapter 10
产品成本计算的辅助方法

名词解释

1. 分类法

2. 定额法

3. 定额成本

4. 定额变动差异

5. 联产品

6. 副产品

判断题

1. 采用产品成本计算的分类法，各成本项目只能采用同一种分配标准进行分配。（　　）
2. 分类法中的系数一经确定，应相对稳定，不应任意变更。（　　）
3. 分类法可以在各种类型的企业中应用。（　　）
4. 不同等级产品的单位成本应该是不同的，故可以将分类法的原理应用到这些产品的成本计算中去。（　　）
5. 采用分类法计算成本，每类产品内各种产品的生产费用，不论是间接计入费用还是直接计入费用，都采用分配方法分配计入。（　　）
6. 工业企业的副产品如果加工处理所需时间不长，费用不大，为了简化成本计算工作，可按计划单位成本计价，而不计算副产品的实际成本。（　　）
7. 定额成本是一种目标成本，是企业进行成本控制和考核的依据。（　　）
8. 定额法是一种单纯计算产品实际成本的成本计算方法。（　　）
9. 限额领料单所列领料限额，就是材料的定额消耗量。（　　）
10. 在定额法下，退料单是一种差异凭证。（　　）
11. 原材料定额费用是定额消耗量与计划单位成本的乘积。（　　）
12. 定额变动差异反映的是生产费用的实际支出定额的程度。（　　）
13. 在计算月初在产品定额变动差异时，若是定额降低的差异，应从月初在产品定额成本中减去，同时加入本月产品成本中。（　　）
14. 只有大批大量生产的企业才能采用定额法计算产品成本。（　　）
15. 对于同一种产品只能采用一种成本计算方法。（　　）

单项选择题

1. 对于联产品来说，由于其生产费用都是间接计入费用，各种产品的各项费用都必须通过间接分配的方法分配确定，因而必须采用(　　)计算各种产品的成本。

    A. 品种法 B. 分步法
    C. 分批法 D. 分类法
2. 产品成本计算的分类法，主要是为了(　　)而采用的一种成本计算方法。
    A. 正确分配各种产品之间的间接费用
    B. 正确在完工产品与在产品之间分配间接计入费用
    C. 及时计算产品成本
    D. 简化成本计算工作
3. 系数法是(　　)的一种，系数一经确定，应相对稳定，不应任意变更。
    A. 分批法 B. 分类法
    C. 分步法 D. 定额法
4. 下列成本计算方法中，与产品生产类型没有直接联系的是(　　)。
    A. 品种法 B. 分批法
    C. 分类法 D. 简化分批法
5. 如果副产品的售价不能抵偿其销售费用，则副产品(　　)。
    A. 按计划成本计价 B. 按实际成本计价
    C. 不应计价 D. 按定额成本计价
6. (　　)是将产品成本的定额工作、核算工作和分析工作有机地结合起来，将事前、事中、事后反映和监督融为一体的一种产品成本计算方法和成本管理制度。
    A. 品种法 B. 分批法
    C. 分步法 D. 定额法
7. 一个企业的各个车间，一个车间的各种产品，如果它们的生产特点和管理要求不相同，则对产品成本计算方法的要求是(　　)。
    A. 只能采用品种法 B. 只能采用基本方法
    C. 只能采用辅助方法 D. 同时采用几种方法
8. 产品定额成本与计划成本的相同之处在于(　　)。
    A. 它们在计划期内都是不变的
    B. 它们在计划期内都是变动的
    C. 它们都是以消耗定额和计划价格为依据
    D. 它们都是国家或上级机构对企业进行成本考核的依据
9. 定额法的缺点主要是(　　)。
    A. 计算工作量大
    B. 不能直接提供按原始成本项目反映的产品成本
    C. 不利于加强成本控制
    D. 不利于解决完工产品和月末在产品之间分配费用的问题

多项选择题

1. 同类产品内各种产品之间分配费用的标准有(　　)。

A. 定额消耗量　　　　　　　　B. 定额费用
　　C. 售价　　　　　　　　　　　D. 产品的体积
2. 采用成本计算分类法时，关键是(　　　)的确定是否适当。
　　A. 产品的售价　　　　　　　　B. 产品的分类
　　C. 定额成本　　　　　　　　　D. 分配标准
　　E. 系数
3. 下列适于用分类法计算产品成本的有(　　　)。
　　A. 联产品　　　　　　　　　　B. 不同等级产品
　　C. 零星产品　　　　　　　　　D. 主副产品
　　E. 少量加工、修理劳务
4. 分类法的优点包括(　　　)。
　　A. 简化成本计算工作
　　B. 能够在产品品种较多的情况下，分类掌握产品成本的水平
　　C. 便于考核产品成本的构成和水平
　　D. 便于同行业之间产品成本水平对比分析
　　E. 便于从整个企业角度分析和考核产品成本的构成和水平
5. 采用系数法，一般在同类产品中选择(　　　)的产品作为标准产品，把这种产品的分配标准额的系数确定为1。
　　A. 产量较大、生产比较稳定　　B. 产量最小
　　C. 售价最高　　　　　　　　　D. 规格适中
　　E. 产量最大
6. 在脱离定额差异的核算中，与原材料定额差异核算方法相同或类似的有(　　　)。
　　A. 自制半成品　　　　　　　　B. 计件工资形式下的生产工人工资
　　C. 计时工资形式下的生产工人工资　D. 制造费用
7. 在定额法下，产品的实际成本是(　　　)的代数和。
　　A. 按现行定额计算的产品定额成本　B. 脱离现行定额的差异
　　C. 材料成本差异　　　　　　　D. 月初在产品定额变动差异
8. 计时工资的日常控制包括(　　　)。
　　A. 控制生产工资总额不超过计划
　　B. 控制非生产工时不超过计划
　　C. 控制生产工时总额不超过计划
　　D. 控制单位产品的生产工时不超过计划
9. 定额法的优点有(　　　)。
　　A. 计算的工作量小
　　B. 能够在各项耗费和费用发生的当时反映和监督脱离定额的差异，加强成本控制
　　C. 便于进行产品成本的定期分析
　　D. 有利于提高成本的定额管理和计划管理工作的水平
　　E. 能够比较合理和简便地解决完工产品和月末在产品之间的费用分配问题

简答题

1. 简述分类法的成本计算程序。

2. 分类法有哪些特点?

3. 定额法有哪些特点?

4. 副产品成本计算的特点是什么?

5. 简述副产品的计价方法。

训练 10-1

【训练目的】练习分类法的应用。

【训练资料】某制造企业大量生产 A、B 两类产品,因各类产品的规格较多,故成本计算采用分类法,每一类产品的月末在产品按所耗原材料定额成本计算,所以只计算直接材料项目。各类不同规格产品成本的计算,按计划单位成本作为分配标准,A 类产品以 A1 作为标准产品,B 类产品以 B4 作为标准产品,它们的系数分别确定为 1。该企业 7 月份有关成本资料见表 10-1、表 10-2。

表 10-1 产品类别、型号、产量和计划单位成本

产品类别	型 号	产量(件)	计划单位成本(元)
A 类	A1	1 400	15.40
	A2	2 000	14.00
	A3	800	12.60
	A4	1 000	16.80
B 类	B1	1 600	15.00
	B2	1 200	18.00
	B3	1 000	16.50
	B4	1 400	21.00

表 10-2 成 本 资 料

产品类别	月初在产品成本(定额成本)	本月发生费用			月末在产品成本(原材料定额成本)
		直接材料	直接人工	制造费用	
A 类	1 400	65 000	12 000	6 500	2 736
B 类	3 844	94 000	13 200	7 500	5 294
合 计	5 244	159 000	25 200	14 000	8 030

【训练要求】

1. 根据以上资料登记各类产品成本明细账(表 10-3、表 10-4)。

表 10-3 产品成本明细账

产品类别:A 类　　　　　　　　　　　　　　　　　　　　　　　　　　　　　　单位:元

成本项目	直接材料	直接人工	制造费用	合 计

表 10-4　　　　　　　　　　　　　产品成本明细账

产品类别：B 类　　　　　　　　　　　　　　　　　　　　　　　　　　　　单位：元

成本项目	直接材料	直接人工	制造费用	合　计

2. 编制各类产品系数折算表（表 10-5）。
3. 编制类内各型号完工产品成本计算表（表 10-6、表 10-7）。

表 10-5　　　　　　　　　　　　　各类产品系数折算表

产品类别	型号	产量（件）	计划单位成本（元）	单位系数	总系数
A 类					
B 类					

表 10-6　　　　　　　　　　　　A 类各型号产品成本计算表

产品型号	总系数	分配率	产品总成本	产量（件）	单位成本

表 10-7　　　　　　　　　　　　B 类各型号产品成本计算表

产品型号	总系数	分配率	产品总成本	产量（件）	单位成本

训练 10-2

【训练目的】练习分类法下系数法和定额比例法的比较。

【训练资料】 某制造厂按照产品类别归集费用,并采用系数法或定额比例法分别计算各种产品成本。该企业 7 月份有关 C 类产品成本资料如表 10-8 至表 10-10 所示。

表 10-8　　　　　　　　　　　　　成本费用资料

产品类别　C 类

项　目	直接材料	直接人工	制造费用	合　计
月初在产品定额成本	60 000	25 991	13 664	99 655
本月发生费用	308 520	85 050	47 600	441 170
合　计	368 520	111 041	61 264	540 825

表 10-9　　　　　　　　　　　　　产量和定额资料

产品名称	产量（件）	材料单位定额	工时单位定额	备　注
C_1	5 000	20	12	
C_2	4 000	24	10	C_3 为单位标准系数
C_3	3 000	16	8	
C_4	2 500	32	6	

表 10-10　　　　　　　　　在产品数量、完工程度及投料方式

在产品	产量（件）	完工程度	投料方式
C_1	500	50%	一次投料
C_2	800	50%	一次投料
C_3	600	50%	分次投料
C_4	200	50%	分次投料

【训练要求】

1. 根据以上资料登记产品成本明细账,编制产品产量系数折算表。
2. 编制产品产量定额计算表。
3. 根据产品产量定额计算表,编制产品成本计算表,计算 C 类各种产品的总成本和单位成本以及期末在产品成本。

表 10-11　　　　　　　　　　　　　产品成本明细账

产品类别：C 类　　　　　　　　　　　　　　　　　（系数法）

成本项目	直接材料	直接人工	制造费用	合　计

表 10-12　　　　　　　　　　　产品产量系数折算表

产品类别：C 类

产品名称	产量（件）	材料单位定额	单位系数	总系数	工时单位额定	单位系数	总系数
C_1							
C_2							
C_3							
C_4							
小　计							
C_1 在产品							
C_2 在产品							
C_3 在产品							
C_4 在产品							
小　计							
合　计							

直接材料分配率 =
C 类完工产品直接材料成本 =
月末在产品直接材料成本 =
直接人工分配率 =
C 类完工产品直接人工成本 =
月末在产品直接人工成本 =
制造费用分配率 =
C 类完工产品制造费用成本 =
月末在产品制造费用成本 =

表 10-13　　　　　　　　　系数法下 C 类各种规格产品成本计算表

产品名称	材料总系数	直接材料		工时总系数	直接人工		制造费用		总成本	单位成本
		分配率	实际成本		分配率	实际成本	分配率	实际成本		
C_1										
C_2										
C_3										
C_4										
合　计										

表 10-14　　　　　　　　　　　　　**产品成本明细账**

产品类别：C 类　　　　　　　　　　（定额比例法）

成本项目	直接材料	直接人工	制造费用	合　　计

表 10-15　　　　　　　　　　　　　**产品产量定额计算表**

产品类别：C 类

产品名称	产量（件）	直接材料		定额工时	
		单位定额成本	定额总成本	单位定额工时	定额总工时
C_1					
C_2					
C_3					
C_4					
小　计					
C_1 在产品					
C_2 在产品					
C_3 在产品					
C_4 在产品					
小　计					
合　计					

直接材料分配率 =

C 类完工产品直接材料成本 =

月末在产品直接材料成本 =

直接人工分配率 =

C 类完工产品直接人工成本 =

月末在产品直接人工成本 =

制造费用分配率 =

C 类完工产品制造费用成本 =

月末在产品制造费用成本 =

表 10-16 定额比例法下 C 类各种规格产品成本计算表

产品规格	产量（件）	直接材料			定额工时	直接人工		制造费用		总成本	单位成本
		定额成本	分配率	实际成本		分配率	实际成本	分配率	实际成本		
C_1											
C_2											
C_3											
C_4											
合计											

训练 10-3

【训练目的】练习联产品成本的计算方法。

【训练资料】某制造企业在同一加工过程中利用同一种材料加工出 A、B、C、D 四种主要产品。该企业 8 月份有关成本资料如表 10-17、表 10-18 所示。

表 10-17 成本资料

项目	直接材料	直接人工	制造费用	合计
分离前的综合成本	292 032	121 680	73 008	486 720
各成本项目所占比重%	60	25	15	100

表 10-18 产品产量、规定系数和产品单位售价

产品名称	实际产量（千克）	规定系数	单位售价（元）
A 产品	7 200	0.6	12
B 产品	10 800	0.8	26
C 产品	14 400	1	24
D 产品	3 600	0.4	10

【训练要求】

1. 根据以上资料采用实物量分配法计算各种联产品成本，编制联产品成本计算表（表 10-19）。

2. 采用系数分配法计算各种联产品成本，编制联产品成本计算表（表 10-20）。

3. 采用销售价值分配法计算各种联产品成本，编制联产品成本计算表（表 10-21）。

4. 以销售价值分配法计算的各种联产品成本后，进行成本还原，编制联产品成本还原计算表（表 10-22）。

表 10-19 联产品成本计算表（实物量分配法）

产品名称	产品产量（千克）	分配率	产品总成本	单位成本
A 产品				
B 产品				
C 产品				
D 产品				
合计				

表 10-20　　　　　　　　　　联产品成本计算表（系数分配法）

产品名称	产品产量（千克）	单位系数	总系数	分配率	产品总成本	单位成本
A 产品						
B 产品						
C 产品						
D 产品						
合　计						

表 10-21　　　　　　　　　　联产品成本计算表（售价分配法）

产品名称	产品产量	单位售价	销售总额	分配率	产品总成本	单位成本
A 产品						
B 产品						
C 产品						
D 产品						
合　计						

表 10-22　　　　　　　　　　成本还原计算表

成本项目	直接材料	直接人工	制造费用	合　计
分离前综合成本				
各项目所占比重%				
A 产品				
B 产品				
C 产品				
D 产品				

训练 10-4

【训练目的】练习副产品成本的计算方法。

【训练资料】某制造企业在生产甲、乙两种主要产品的同时，又生产出丙、丁两种副产品，月末无在产品。甲、乙两种产品成本按规定费用分配比例计算；丙产品成本按扣减后的单位售价计算；丁产品按固定单位成本计算（由于丁产品加工工序简单，只计算耗用的直接材料成本，其他项目不予计算）。该企业 8 月份有关成本资料如表 10-23、表 10-24 所示。

表 10-23　　　　　产品产量、费用分配比例、单价和固定单位成本

产品名称	产量（千克）	费用分配比例%	扣减后单位售价（元）	固定单位成本（元）
甲产品	40 000	60		
乙产品	28 000	40		
丙产品	6 000		10	
丁产品	4 000			6

表 10-24 成 本 资 料

项目	直接材料	直接人工	制造费用	合计
月初在产品成本	64 800	8 200	5 280	78 280
本月发生费用	300 000	46 520	31 200	377 720
合计	364 800	54 720	36 480	456 000

【训练要求】 根据以上资料编制产品成本汇总计算表（表 10-25），计算主、副产品的总成本和单位成本。

表 10-25 产品成本汇总计算表

成本项目		直接材料	直接人工	制造费用	合计
分离前联合成本					
丙副产品成本					
丁副产品成本					
甲、乙主要产品成本					
其中	甲产品总成本				
	单位成本				
	乙产品总成本				
	单位成本				

第十一章 Chapter 11
成本报表的编制与分析

 名词解释

1. 成本报表

2. 主要产品

3. 主要产品单位成本表

4. 制造费用明细表

5. 可比产品成本降低额

6. 产值成本率

判断题

1. 成本报表是综合概括地反映企业在一定时期内资金耗费和成本构成及其升降变动情况的会计报表。（   ）
2. 成本报表是服务于企业内部经营管理目的的报表，因此企业有权决定成本报表的报送对象。（   ）
3. 按现行制度规定，企业必须按时向工商、税务、财政、银行等部门报送成本报表。
（   ）
4. 企业的主要产品有多少种，就应编制多少张主要产品单位成本表。（   ）
5. 产品生产成本表与主要产品单位成本表相比，前者反映企业全部产品的生产成本，后者反映主要产品的生产成本。（   ）
6. 制造费用明细表的合计数应与产品生产成本表中各种产品的制造费用之和相等。
（   ）
7. 因素分析法是成本报表分析中最常用的基本方法，它是比较分析法的发展和补充。
（   ）
8. 产品产量变动会影响产品成本降低额和降低率。（   ）
9. 单位产品工时是影响直接工资和制造费用变动的重要因素。（   ）
10. 单位产品中制造费用的多少取决于劳动生产率，劳动生产率越高，单位产品消耗的工时越少，所分配的制造费用越少，反之越多。（   ）

单项选择题

1. 成本报表是服务于(   )的报表。
   A. 企业内部经营管理和有关管理当局监督管理

B. 企业内部经营管理

C. 有关管理当局监督管理

D. 各有关投资人

2. 企业在编制"产品生产成本表"、"营业费用明细表"、"管理费用明细表"时,应注意与( )中的对应项目数额一致。

A. 主要产品单位成本表　　　　B. 资产负债表

C. 利润表　　　　　　　　　　D. 利润分配表

3. 在进行成本报表分析时,当共同影响同一对象的因素之间是和差关系时,就应采用( )。

A. 比较分析法　　　　　　　　B. 因素分析法

C. 连锁替代法　　　　　　　　D. 差额分析法

4. 产品产量、产品品种结构、产品单位成本是影响( )变动的主要因素。

A. 产品生产、销售总成本　　　B. 产品销售总成本

C. 全部产品生产成本　　　　　D. 主要产品生产成本

5. 进行( )变动分析时,应从单位产品工时和小时费用率两因素着手。

A. 计时工资　　　　　　　　　B. 销售费用

C. 管理费用　　　　　　　　　D. 制造费用

多项选择题

1. 企业可以根据( )决定本企业成本、企业成本报表的报送格式、编报项目、时间和报送对象。

A. 生产经营过程的特点　　　　B. 生产工艺技术过程的要求

C. 企业经济管理的要求　　　　D. 企业外部管理部门的要求

2. 企业编制成本报表的主要依据有( )。

A. 报告期的成本账簿、成本计划、费用预算资料

B. 以前年度的成本账簿、成本计划、费用预算资料

C. 以前年度的会计报表资料

D. 统计核算资料

E. 业务核算资料

3. 产品生产成本反映的是( )的总成本和单位成本。

A. 全部产品和主要产品　　　　B. 自制材料

C. 自制工具　　　　　　　　　D. 自制设备

E. 工业性劳务

4. 比较分析法是应用最为广泛的成本分析方法,在进行( )等分析中都应用了这一方法。

A. 全部产品生产成本变动情况　B. 主要产品单位成本变动影响

C. 主要产品直接材料变动　　　D. 主要产品单位成本项目变动

简答题

1. 编制成本报表的基本要求是什么？

2. 什么是产品生产成本表？其作用如何？

3. 怎样进行产品生产成本表的分析？

4. 怎样进行可比产品成本升降情况的分析？

5. 简述编制主要产品单位成本表的作用。

6. 编制制造费用明细表时应注意什么问题?

训练题

训练 11-1

【**训练目的**】练习产品生产成本表的编制。

【**训练资料**】东方机械厂设有两个基本生产车间,一车间生产甲产品,二车间生产乙、丙两种产品。其中甲、乙产品为可比产品,丙产品为不可比产品。该厂 12 月份有关成本资料如表 11-1 所示。

表 11-1　　　　　　　　　　　　产品生产成本资料

项　目	可比产品（甲）	可比产品（乙）	不可比产品（丙）
单位生产成本（元）			
上年实际平均	300.00	210.00	135.00
本月实际	277.50	207.00	138.00
本年累计实际平均	286.50	208.50	136.50
生产量（件）			
本月实际	90.00	105.00	60.00
本年累计实际	765.00	960.00	630.00
销售量（件）			
本月实际	75.00	105.00	60.00
本年累计实际	780.00	870.00	48.00
年初结存数量（件）	120.00	90.00	135.00

【**训练要求**】根据上述资料编制东方机械厂 12 月份产品生产成本表（表 11-2）。

表 11-2　　　　　　　　　　　　　产品生产成本表

编制单位：东方工厂　　　　　　　　　　　　××年12月　　　　　　　　　　　　　　　　单位：元

产品名称	计量单位	实际产量		单位成本				本月总成本			本年累计总成本		
		本月	本年累计	上年实际	本年计划	本月实际	本年累计实际平均	按上年实际平均单位成本	按本年计划单位成本	本月实际	按上年实际平均单位成本	按本年计划单位成本	本年实际
		(1)	(2)	(3)	(4)	(5)=(9)÷(1)	(6)=(12)÷(2)	(7)=(1)×(3)	(8)=(1)×(4)	(9)	(10)=(2)×(3)	(11)=(2)×(4)	(12)
可比产品合计													
其中：甲	件												
乙	件												
不可比产品合计													
丙	件												
全部商品产品													

训练 11-2

【训练目的】 练习主要产品单位成本表的编制。

【训练资料】 东方机械厂甲产品本年有关成本资料如表 11-3 所示。

表 11-3　　　　　　东方机械厂甲产品本年有关成本资料

单位生产成本（元）	直接材料	直接人工	制造费用
历史先进水平	139.50	67.50	57.00
上年实际平均	157.50	78.00	64.50
本年计划	150.00	75.00	60.00
本月实际	142.50	73.50	61.50
本年累计实际平均	147.00	76.50	63.00
		上年实际	本年实际
单位产品售价（元）		450.00	465.00
单位产品税金（元）		60.00	61.50
产品销售量（件）		750（计划765）	780（计划772.5）

【训练要求】 根据以上资料编制该厂甲产品的主要产品单位成本表（表 11-4）。

表 11-4

东方机械厂
主要产品单位成本表
××年12月
单位：元

产品名称		甲产品		本月实际产量		
规 格				本年累计实际产量		
计量单位		件		销售单价		
成本项目	行次	历史先进水平××年	上年实际平均	本年计划	本月实际	本年累计实际平均
		（1）	（2）	（3）	（4）	（5）
直接材料	1					
直接人工	2					
制造费用	3					
产品生产成本						

训练 11-3

【训练目的】练习制造费用明细表的编制方法。

【训练资料】东方机械厂本年各生产车间制造费用有关资料如表 11-5 所示。

表 11-5　　　　　　各生产车间制造费用有关资料

费用项目	一车间	二车间
职工薪酬	5 269.50	9 934.80
折旧费	8 782.50	14 610.00
修理费	5 269.50	10 519.20
办公费	4 039.95	6 428.40
水电费	1 756.50	4 675.20
机物料消耗	3 161.70	7 012.80
劳动保护费	526.95	1 753.20
其他制造费用	1 405.20	1 168.80

【训练要求】根据资料编制东方机械厂本年度制造费用明细表（表 11-6，只填列"本年实际"栏）。

表 11-6　　　　　　东方机械厂
　　　　　　　　　　制造费用明细表
单位：元

项 目	行 次	本年计划	上年实际	本年实际
职工薪酬	1			
折旧费	2			
修理费	3			
办公费	4			
水电费	5			
机物料消耗	6			
劳动保护费	7			
其他制造费用	8			
合 计	9			

训练 11-4

【训练目的】练习产品生产成本表的分析方法。

【训练资料】

1. 训练 11-1 中东方机械厂产品生产成本表中有关数据。
2. 东方机械厂可比产品计划资料：

	甲产品	乙产品
产品产量（件）	720	890
单位生产成本（元）	290	200

【训练要求】

1. 根据上述资料编制该厂全部产品生产成本变动情况计算表（表 11-7）。
2. 进行可比产品生产成本因素变动分析。
3. 进行产销结构变动分析。

表 11-7　　　　　　　　　东 方 机 械 厂
全部产品生产成本变动情况计算表　　　　　　　单位：元

产品名称	上年实际总成本	本年实际总成本	差异额	差异率（%）
可比产品合计				
甲产品				
乙产品				
不可比产品（丙产品)				

（1）可比产品生产成本因素变动分析：

（2）产销结构变动分析：

训练 11-5

【训练目的】练习主要产品单位成本表的分析方法。

【训练资料】
1. 训练 11-2 东方机械厂本年主要产品单位成本表中有关数据。
2. 该厂甲产品单耗资料如表 11-8 所示。

表 11-8　　　　　　　　　东方机械厂甲产品单耗资料

成本项目	本年实际	本年计划
直接材料		
消耗量（公斤）	6.25	6.25
单价（元/公斤）	23.52	24.00
直接工资		
生产工时（小时）	31.875	31.25
单价（元/小时）	2.40	2.40
制造费用		
生产工时（小时）	26.25	25.00
小时费用率（元/小时）	2.40	2.40

【训练要求】根据上述资料对东方机械厂甲产品进行主要产品单位成本项目变动分析，并进行简要的评价。

成本分析报告：

第十二章 Chapter 12

其他行业成本计算的特点

名词解释

1. 交通运输业的运输成本

2. 施工企业工程成本

3. 间接营运费用

4. 施工企业

判断题

1. 一次性收获的多年生作物，应按各年累计的生产费用计算成本。（ ）
2. 交通运输企业的生产过程与销售过程是相分离的。（ ）
3. 运输间接费用归集后，月终按实际发生额，按车辆数量平均分配。（ ）
4. 营运过程中实际发生的与运输、装卸和其他业务等营运生产成本直接有关的各项支出都计入营运成本。（ ）
5. 施工企业工程成本包括直接成本、间接成本和其他成本。（ ）
6. 工程成本核算对象，应根据工程的实际情况，企业施工组织的特点和成本管理的具体需要加以确定。（ ）
7. 从外单位或本企业其他内部独立核算的机械站租入机械支付的租赁费计入间接成本。（ ）

单项选择题

1. 农业往年费用是指（   ）投产前按规定的摊销方法摊入本期产品成本的费用。
   A. 当年生大田作物　　　　B. 多年生作物
   C. 纤维作物　　　　　　　D. 香料作物
2. 施工企业一般将（   ）作为施工工程的成本核算对象。
   A. 单位工程　　　　　　　B. 建设项目
   C. 建筑材料　　　　　　　D. 工期

多项选择题

1. 农产品核算的项目包括（   ）。
   A. 种子和种苗　　　　　　B. 肥料与农药
   C. 直接工资　　　　　　　D. 其他直接费用
   E. 制造费用　　　　　　　F. 往年费用
2. 农业企业生产的范围包括（   ）。
   A. 农产品生产　　　　　　B. 林产品生产
   C. 水产品生产　　　　　　D. 副业产品生产
3. 交通运输业成本核算的特点有（   ）。
   A. 成本计算对象是旅客和货物运输周转量
   B. 运输企业生产和销售过程是统一的
   C. 有时采用客货混载的运输方式，需将共同发生的费用进行适当分配

D. 运输周期相对较短（除远洋运输外）

4. 汽车运输业发生的营运间接费用在各成本对象之间分配时，一般按照(　　　)进行。

   A. 车辆总数　　　　　　　　　B. 营运车日比例
   C. 车辆直接费用比例　　　　　D. 计划分配数

5. 施工企业生产经营活动的特点包括(　　　)。

   A. 生产的单件性　　　　　　　B. 施工生产周期长
   C. 施工生产的流动性　　　　　D. 露天和高空作业少

6. 对于施工企业成本核算对象的确定，下列说法正确的有(　　　)。

   A. 一般情况下，以每一独立编制施工预算的单位工程为成本核算对象
   B. 如果一个单位工程由几个专业施工单位分包施工，以由各施工单位各自施工单位工程为成本核算对象
   C. 规模大、工期长的单位工程，可以将工程划分为若干个部位，以分部的工程作为成本核算对象
   D. 改、扩建的零星工程，可以将开竣工时间相接近、属于同一建设项目的各个单位工程，合并作为一个成本核算对象

7. 施工企业成本核算设置的成本项目有(　　　)。

   A. 材料费　　　　　　　　　　B. 人工费
   C. 在建工程　　　　　　　　　D. 机械使用费
   E. 其他直接费用　　　　　　　F. 间接费用

简答题

1. 交通运输业生产经营特点是什么？其成本计算的特点是什么？

2. 什么是交通运输业的运输成本？包括哪些具体内容？

3. 施工企业的生产经营特点是什么?

4. 如何确定施工企业工程成本核算对象?

5. 农产品生产成本的计算特点是什么?

第二篇 综合训练

训练目的

通过训练，掌握制造业成本核算的基本程序和方法。

训练资料

公司名称：华盛办公家具制造有限公司。
公司地址：海天市高新工业园区华南路 26 号。

一、企业基本情况

企业生产类型：海天市华盛办公家具制造有限公司是一家专业设计、制造和销售中、高档办公家具的小型企业。

企业经营状况：长期以来，华盛办公家具制造有限公司凭借沿海丰富的信息资源与自身先进的技术优势，在国内办公家具市场中保持着强劲的市场竞争力。尤其是公司采用先进的现代办公家具设计理念与本土的消费文化相结合，开发生产的"华盛"品牌办公家具产品，以其独到的设计造型、优质的制造工艺和良好的售后服务，深受广大用户的喜爱和社会各界的好评。

生产部门设置：设有机加工、油漆、包装等基本生产车间和供电、供水等辅助生产车间。机加工、油漆、包装等基本生产车间的生产工艺流程见图 1。企业的生产用电主要由供电局和自来水公司提供，供电、供水等辅助生产车间的主要生产任务是保证企业临时急需的电、水供应。

二、企业主营产品

企业的主营产品有办公桌、会议桌、书柜、旋转椅等办公家具。

班台：A-822

班台：A-833

班台：A-844

班台：A-855

班椅：F-197	班椅：F-198	职员椅：G-139	职员椅：G-171
会议椅：H-139	会议椅：H-172	会议椅：H-171	会议椅：H-170
会议椅：H-104	公共座椅：L-707	公共座椅：L-717	公共座椅：L-T104
沙发：K-209	沙发：K-210	沙发：K-255	沙发：K-265

三、会计机构及人员配备

企业的成本核算实行两级核算。

厂部成本核算：企业设财务处，共有4位专职会计人员，具体分工如下：

科长：洪敏，全面负责企业财务工作。

会计：张杨，负责记账凭证的编制工作。

会计：袁田，负责审核记账凭证、登记账簿、编制会计报表等工作。

出纳：黄玲，负责出纳工作。

车间成本核算：各车间配有成本核算员，负责按月向财务科提供本车间的成本核算资料，如车间考勤汇总表、工时统计表、产量统计表等。各车间成本核算员有：机加工车间王路、油漆车间周荣冰、包装车间陈建宏、电车间罗雨书、供水车间向美琪。

四、企业成本核算制度

1. 成本计算方法：分批法、品种法。

2. 要素费用的分配方法：生产费用在发生时分别按费用发生地点和用途进行归集，月末再按一定的方法进行分配。

3. 费用分配标准：

（1）生产用材料分配标准：定额成本（单位产品定额消耗量）；

（2）生产工人工资分配标准：产品生产工时；

（3）制造费用的分配标准：产品生产工时。

4. 在产品成本计算方法：

（1）采用品种法计算成本的，月末按约当产量法计算在产品成本。

（2）采用分批法计算成本的，月末若批内产品未全部完工的，全部为在产品成本，不需结转；批内产品全部完工的，全部为完工产品成本。

6. 材料成本核算方法：按实际成本计价。

7. 辅助生产费用分配方法：辅助车间不设"制造费用"明细账，本月发生的各项费用归集在"辅助生产"账户。月末，采用直接分配法，按辅助车间以外的受益车间、部门的耗用量进行分配。

五、生产类型特点

（一）主要产品（实木）生产工艺流程

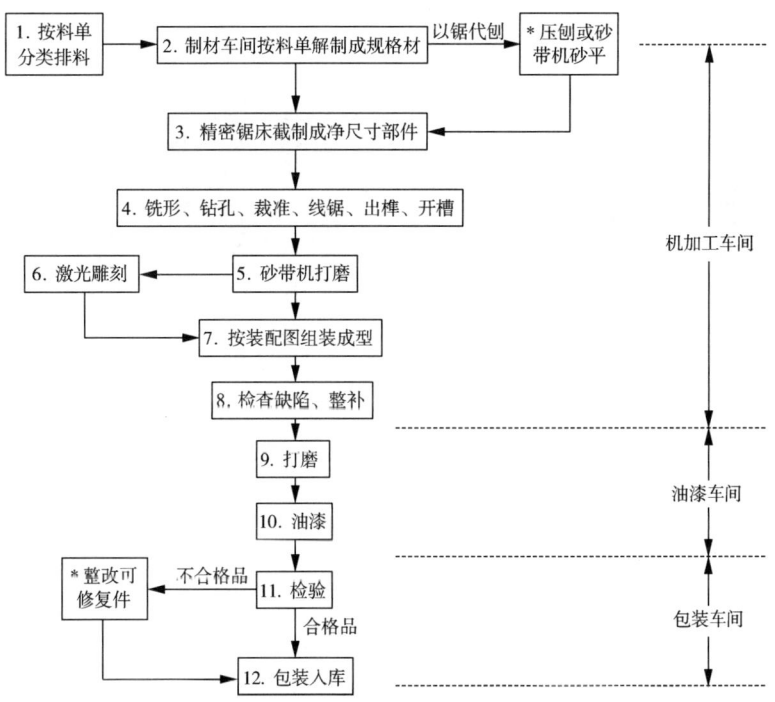

图1 实木家具生产工艺

（注：带＊的工艺为个别不合格品的补充工序）。

（二）主要产品生产组织方式

1. 订单生产：根据客户的定单要求组织生产。

2. 小批量计划生产：根据销售部门进行市场调查分析，对市场需求量较大的通用性产品组织小批量的计划生产。

六、生产现场（部分）

露天堆放的原木	运送原木	板材自然风干	库房中的方料
堆放托盘	机加工车间	截锯规格材	取出干燥板材
木材脱脂	压板式真空干燥	木材干燥	车间配电柜及备用料

七、会计核算期间

××年6月1日至30日。

训练一　财产分类

【训练内容】请根据训练资料中的图表所列图片和你所学习的材料知识，对图片中的财产进行分类，其中材料应分别按照经济内容和经济用途进行分类。

【训练目标】掌握企业财产分类的方法，学习材料科目的实际应用。

【训练资料】 材料/财产图片资料（部分）。

1. 露天堆放的原木	2. 中纤板贴木皮板材	3. 外购复合木皮	4. 木工胶
5. 仓库中的木卡板	6. 梳齿榫开榫机	7. 胶合板包装箱	8. 手提式木皮拼缝机
9. 已售准备发运的方料	10. 指接板材	11. 沙发泡沫布	12. 库房中横放的方料
13. 水封涂料	14. FH1003 木线机	15. 液压固定式横截锯	16. 天然木板材
17. 刨光后的方料	18. 在用的红外线测温仪	19. 木工车间的工具	20. 外购木批封边条

61. 六轴四面刨	62. 露天堆放的煤炭	63. 木皮指接机	64. 指接板材
65. 木材干燥机	66. 塑料管材自动切割机	67. 雕刻机	68. 高精度激光切割机
69. 入库完工产品	70. 分装后的五金配件	71. 人工铲车	72. 厂房
73. 手推车	74. 生产余料	75. 电子称	76. 正在加工的产品
77. 产品包装架	78. 用于包装产品的泡沫	79. 修理用备品备件	80. 供热储汽罐

【训练任务】

1. 根据上述图片资料和企业产品生产情况,分别填写存货目录(表训1-1)和固定资产目录(表训1-2);

2. 请根据表训1-3中描述的各种材料的"基本特点"进行材料分类,并将分类后的材料编号填写在表训1-3的"材料编号"栏中;

3. 请根据表训1-3中"低值易耗品"中各种物品所属二级会计科目,并将分类结果填在表中(表训1-4)。

【训练提示】

1. 表训1-1、表训1-2中的"材料编号"、"财产编号"均按训练资料中相关材料/财产图中的序号填写;

2. 表训1-1、表训1-2中的"材料名称"和"财产名称"请填写全称;

3. 工具类财产的分类原则是:成型工具归为低值易耗品,如木工刀具、手推车;工具的部件或零件归为修理用备件,如木工锯片、工具手柄。

表训1-1　　　　　　　　　　　存货目录(简化)

序　号	材料编号	材　料　名　称	计量单位
1			
2			
3			
4			
5			
6			
7			
8			
9			
10			
11			
12			
13			
14			
15			
16			
17			
18			
19			
20			
21			

续表

序　号	材料编号	材　料　名　称	计量单位
22			
23			
24			
25			
26			
27			
28			
29			
30			
31			
32			
33			
34			
35			
36			
37			
38			
39			
40			
41			
42			
43			
44			
45			
46			
47			
48			
49			
50			
51			
52			
53			
54			

表训 1-2　　　　　　　　　　　固定资产目录（简化）

序　号	财产编号	财　产　名　称
1		
2		
3		
4		
5		
6		
7		
8		
9		
10		
11		
12		
13		
14		
15		
16		
17		
18		
19		
20		
21		
22		
23		
24		
25		
26		

表训 1-3　　　　　　　　存货分类表（按经济内容分类）

序号	材料种类	基本特点	材料编号
1	原料及主要材料	经加工后构成产品主要实体的各种原料和材料。	
2	辅助材料	直接用于生产，有助于产品形成，或便于生产进行，但不必构成产品主要实体的各种材料。	
3	外购半成品	从外部购入经过加工和装配，构成产品主要实体的半成品及配套件。	
4	修理用备件	为修理本企业机器设备和运输设备等专用的各种备件。	
5	燃料	用以产生热能的各种材料。包括固体燃料、液体燃料、气体燃料。	
6	低值易耗品	单位价值低或易损耗的各种用具物品，如工具、管理用具、玻璃器皿，以及在经营过程中周转使用的包装容器等。	
7	包装物	为包装本企业产品而储备的各种包装容器，如桶、箱、瓶、袋。	
8	库存商品	已经完成全部生产过程并已验收入库合乎标准规格和技术条件，可以按照合同规定条件送交订货单位，或可作为商品对外销售的产品。	
9	在产品	正在生产车间加工生产、尚未完工入库及等待验收的产品。	
10	自制半成品	已完成部分生产过程，并已验收合格交半成品库，但尚未制造成为商品，仍需继续加工的中间产品。	
11	外购商品	从外单位购进不需经过任何加工或装配，即可单独作价出售，或与本企业产品配套对外出售的商品。	

表训 1-4　　　　　　　　"低值易耗品"会计科目应用分类

一级科目	二级科目	材料编号
低值易耗品	在库低值易耗品	
	在用低值易耗品	
	低值易耗品摊销	

训练二 设置生产成本核算账户

【训练内容】根据该企业生产类型特点和本月成本核算资料,设立基本生产成本明细账。

【训练目标】掌握企业成本核算账户设立方法,学习生产成本会计科目的实际应用。

【训练资料】

1. 生产计划(表训 2-1)。

表训 2-1　　　　　　海天市华盛办公家具制造有限公司

××年(3)季度生产计划　　　　　　SM 第 12 号

生产批号	投产日期	完工日期	交货日期	序号	产品代码	单位	数量	备注
SM06-0526	6月2日	6月26日	6月28日	1	A833-0125	套	2	客户订单 KH06423
							3	客户订单 KH06424
							20	企业计划 QY06-042
SM06-0527	6月4日	7月10日	7月12日	2	C633-0124	套	4	客户订单 KH06426
							20	企业计划 QY06-046
SM06-0528	6月10日	7月4日	7月5日	3	D405-0120	套	20	客户订单 KH06428

制单:销售科

2. 生产任务书(表训 2-2)。

表训 2-2　　　　　　　生产计划安排表　　　　　下单日期:××年5月28日

投产序号	产品代码	数量	投产日期	材料处理日期	材料成型日期	机加完成日期	打磨完成日期	修边辊淋完成日期	油漆完成日期	包装入库日期	完工日期
1	A833-0125	25	6月2日	6月6日	6月8日	6月12日	6月15日	6月18日	6月22日	6月25日	6月26日
2	C633-0124	24	6月4日	6月8日	6月11日	6月15日	6月19日	6月22日	6月30日	7月8日	7月10日
3	D405-0120	20	6月10日	6月14日	6月17日	6月20日	6月24日	6月28日	6月30日	7月2日	7月4日
备注	6月份生产计划中,1、2号中有订单产品和企业内部计划产品,3号为企业内部计划生产产品。										

制单:设计室

【训练任务】根据表训 2-1、表训 2-2 按生产批号设置基本生产成本明细账(表训 2-3、表训 2-4、表训 2-5)。

【训练提示】

1. 设置基本生产成本明细账时,表训 2-3、表训 2-4、表训 2-5 中的生产批号、投产日期、完工日期、数量等数据应根据表训2-1、表训2-2中的有关数据填写。

2. 若需查找表训2-3、表训2-4、表训2-5中的产品名称,请根据表训2-1中的"产品代码"并对照"二、企业主营产品"中图片资料填写。

3. 表训2-2中1、2号产品按分批法计算成本,3号产品按品种法计算成本。

4. 6月末,1号单产品全部完工,2号单产品全部未完工;3号单产品有2套未包装,完工程度为90%。各批产品材料均为一次投料。

表训2-3　　　　　　　　　　　基本生产成本明细账

生产批号：　　　　　　　　　　　　　　　　　　　　　　　投产日期：
产品代码：　　　　　　　　数量：　　（套）　　　　　　　　完工日期：

月	日	摘　要	直接材料	直接人工	制造费用	合　计

表训2-4　　　　　　　　　　　基本生产成本明细账

生产批号：　　　　　　　　　　　　　　　　　　　　　　　投产日期：
产品代码：　　　　　　　　数量：　　（套）（全部未完工）　完工日期：

月	日	摘　要	直接材料	直接人工	制造费用	合　计

表训2-5　　　　　　　　　　　基本生产成本明细账

生产批号：　　　　　　　　　　　　　　　　　　　　　　　投产日期：
产品代码：　　　　　　　　数量：　　（套）　　　　　　　　完工日期：

月	日	摘　要	直接材料	直接人工	制造费用	合　计

训练三 归集分配要素费用

【训练内容】 根据训练资料计算分配各项要素费用,编制费用分配表和记账凭证。

【训练目标】

1. 掌握要素费用的分配及费用分配表的编制方法;
2. 掌握要素费用分配记账凭证编制方法;
3. 掌握要素费用记入会计账户方法和程序。

【训练任务】

1. 根据领料单(表训3-1至表训3-16)、劳保用品领用凭证(表训3-17至表训3-23)等原始凭证进行各项材料费用的计算,将计算结果填写在《材料费用分配表中》(表训3-24)中,完成该表的计算分配;
2. 根据《职工薪酬费用分配表》(表训3-25)有关资料,完成该表的编制;
3. 根据《折旧费分配表》(表训3-26)有关资料,完成该表的编制;
4. 根据《动力费分配表》(表训3-27)有关资料,完成该表的编制;
5. 根据《其他费用分配表》(表训3-28)有关资料,完成该表的编制;
6. 根据各项费用分配表(表训24-28)编制记账凭证(表训3-29至表训3-40);
7. 根据记账凭证(表训3-29至表训3-40)登记有关会计账户(表训2-3至表训2-5、表训3-41至表训3-42、表训3-43至表训3-45)。

【训练提示】

1. 为简化核算,记账凭证可于月末编制;
2. 工作服每套60元,工作帽每顶4元,围腰每个3元,袖套每副2元,手套每副2元,工作鞋每双24元,毛巾每条2元,肥皂每块2元,口罩每个1元。上述劳保用品每季度发一次,全部计入本月有关费用。

【训练资料】

1. 领料单(表训3-1至表训3-16)。

表训3-1

领 料 单

领料部门:机加工车间　　　　　　　××年6月3日　　　　　　　第30267号

材料编号	材料名称	规格型号	生产批号	用途	数量 请领	数量 实领	单位	单价	金额
GB0109	指接板	2 440×1 220×9	SM06-0526	A833	10	10	张	70	700
GB0107	指接板	2 440×1 220×16	SM06-0526	A833	10	10	张	80	800
GB0103	指接板	2 440×1 220×24	SM06-0526	A833	14	14	张	150	2 100
GB0110	指接板	2 440×1 220×30	SM06-0526	A833	36	36	张	210	7 560

仓库主管:　　　　　　　　　　　领料人:　　　　　　　　　　　发料人:

第二联　财务

表训 3-2

领　料　单

领料部门：机加工车间　　　　　　××年6月3日　　　　　　　　　　　　　　第30270号

材料编号	材料名称	规格型号	生产批号	用途	数量		单位	单价	金额
					请领	实领			
HJ0101	木工胶	250KG/JP050	SM06-0526	A833	4	4	桶	100	400
HJ0201	501胶	20K/UL21	SM06-0526	A833	20	20	支	2	40
SQ4608	实木封边条	0.45×15	SM06-0526	A833	2	2	卷	200	400

仓库主管：　　　　　　　　　　　　领料人：　　　　　　　　　　　　发料人：

第二联　财务

表训 3-3

领　料　单

领料部门：机加工车间　　　　　　××年6月6日　　　　　　　　　　　　　　第30273号

材料编号	材料名称	规格型号	生产批号	用途	数量		单位	单价	金额
					请领	实领			
GB0104	指接板	2 440×1 220×24	SM06-0527	C633	25	25	张	140	3 500
GB0110	指接板	2 440×1 220×30	SM06-0527	C633	48	48	张	210	10 080
GB0111	指接板	2 440×1 220×9	SM06-0527	C633	15	15	张	90	1 350
GB0109	指接板	2 440×1 220×16	SM06-0527	C633	15	15	张	100	1 500

仓库主管：　　　　　　　　　　　　领料人：　　　　　　　　　　　　发料人：

第二联　财务

表训 3-4

领　料　单

领料部门：机加工车间　　　　　　××年6月7日　　　　　　　　　　　　　　第30279号

材料编号	材料名称	规格型号	生产批号	用途	数量		单位	单价	金额
					请领	实领			
HJ0101	木工胶	250KG/JP050	SM06-0527	C633	4	4	桶	100	400
HJ0201	501胶	20K/UL21	SM06-0527	C633	25	25	支	2	50
SQ4608	实木封边条	0.45×15×20	SM06-0527	C633	2	2	卷	200	400

仓库主管：　　　　　　　　　　　　领料人：　　　　　　　　　　　　发料人：

第二联　财务

表训 3-5

领　料　单

领料部门：机加工车间　　　　　　××年6月10日　　　　　　　　　　　　　第30282号

材料编号	材料名称	规格型号	生产批号	用途	数量		单位	单价	金额
					请领	实领			
WJ4593	五金配件	10/5/8/6	SM06-0527	C633	24	24	套	30	720

仓库主管：　　　　　　　　　　　　领料人：　　　　　　　　　　　　发料人：

第二联　财务

表训 3-6

领 料 单

领料部门：机加工车间　　　　　　××年6月12日　　　　　　第30285号

材料编号	材料名称	规格型号	生产批号	用途	数量		单位	单价	金额
					请领	实领			
ZQ2106	中纤板	2 440×1 220×9	SM06-0528	D405	25	25	张	15	375
ZQ4218	中纤板	2 440×1 220×24	SM06-0528	D405	48	48	张	30	1 440
ZQ3212	中纤板	2 440×1 220×16	SM06-0528	D405	15	15	张	25	375
MC1027	三层板	2 440×1 220×9	SM06-0528	D405	15	15	张	14	210

仓库主管：　　　　　　　　　　领料人：　　　　　　　　　　发料人：

第二联　财务

表训 3-7

领 料 单

领料部门：机加工车间　　　　　　××年6月13日　　　　　　第30288号

材料编号	材料名称	规格型号	生产批号	用途	数量		单位	单价	金额
					请领	实领			
HJ0101	木工胶	250KG/JP050	SM06-0528	D405	6	6	桶	100	600
HJ0201	501胶	20K/UL21	SM06-0528	D405	10	10	支	2	20
YN0103	保丽纸	2 440×1 220	SM06-0528	D405	20	20	张	9	180

仓库主管：　　　　　　　　　　领料人：　　　　　　　　　　发料人：

第二联　财务

表训 3-8

领 料 单

领料部门：机加工车间　　　　　　××年6月15日　　　　　　第30291号

材料编号	材料名称	规格型号	生产批号	用途	数量		单位	单价	金额
					请领	实领			
WJ4587	五金配件	12/6/8/5	SM06-0528	D405	50	50	套	16	800

仓库主管：　　　　　　　　　　领料人：　　　　　　　　　　发料人：

第二联　财务

表训 3-9

领 料 单

领料部门：机加工车间　　　　　　××年6月15日　　　　　　第30294号

材料编号	材料名称	规格型号	生产批号	用途	数量		单位	单价	金额
					请领	实领			
GB0601	杂木板			生产用	0.2	0.2	M³	750	150
HY0701	底漆	PE-8		生产用	5	5	kg	210	1 050

仓库主管：　　　　　　　　　　领料人：　　　　　　　　　　发料人：

第二联　财务

表训 3－10

领 料 单

领料部门：油漆车间　　××年6月16日　　第30300号

材料编号	材料名称	规格型号	生产批号	用途	数量 请领	数量 实领	单位	单价	金额
SQ3701	木砂纸			生产用	30	30	袋	8.00	240
SQ3801	水砂纸			生产用	20	20	袋	8.00	160
SQ4001	漆刷			生产用	30	30	个	2.00	60
SQ4101	排笔			生产用	30	30	个	3.00	90
SQ4201	刮刀			生产用	25	25	盒	2.00	50

仓库主管：　　　　　　　　领料人：　　　　　　　　发料人：

第二联 财务

表训 3－11

领 料 单

领料部门：包装车间　　××年6月18日　　第30309号

材料编号	材料名称	规格型号	生产批号	用途	数量 请领	数量 实领	单位	单价	金额
GB0801	纸板箱			生产用	100	100	个	6	600
GA0202	木条包装箱			生产用	100	100	个	10	1 000

仓库主管：　　　　　　　　领料人：　　　　　　　　发料人：

第二联 财务

表训 3－12

领 料 单

领料部门：包装车间　　××年6月18日　　第30312号

材料编号	材料名称	规格型号	生产批号	用途	数量 请领	数量 实领	单位	单价	金额
HJ0101	木工胶	10kg/JP050		生产用	5	5	桶	40	200
HJ0201	501胶	20K/UL21		生产用	10	10	支	2	20
TZ0201	珍珠棉			生产用	6	6	件	20	120
HR2001	抛光剂			生产用	2	2	千克	30	60

仓库主管：　　　　　　　　领料人：　　　　　　　　发料人：

第二联 财务

表训 3－13

领 料 单

领料部门：包装车间　　××年6月19日　　第30318号

材料编号	材料名称	规格型号	生产批号	用途	数量 请领	数量 实领	单位	单价	金额
GB0901	托盘			生产用	17	17	个	10	170
SQ0101	直钉枪	32mm		生产用	2	2	把	50	100
YQ0102	射钉	32mm		生产用	7	7	盒	5	35

仓库主管：　　　　　　　　领料人：　　　　　　　　发料人：

第二联 财务

表训 3-14　　　　　　　　　　　领　料　单　　　　　　　　　　第 30321 号

领料部门：供电车间　　　　　　××年 6 月 19 日

材料编号	材料名称	规格型号	生产批号	用途	数量 请领	数量 实领	单位	单价	金额
IA0403	汽油			生产用	401	401	公升	4	1 604

第二联　财务

仓库主管：　　　　　　　　　领料人：　　　　　　　　　发料人：

表训 3-15　　　　　　　　　　　领　料　单　　　　　　　　　　第 30327 号

领料部门：供水车间　　　　　　××年 6 月 20 日

材料编号	材料名称	规格型号	生产批号	用途	数量 请领	数量 实领	单位	单价	金额
YU0503	煤			生产用	2	2	吨	775	1 550

第二联　财务

仓库主管：　　　　　　　　　领料人：　　　　　　　　　发料人：

表训 3-16　　　　　　　　　　　领　料　单　　　　　　　　　　第 30330 号

领料部门：油漆车间　　　　　　××年 6 月 20 日

材料编号	材料名称	规格型号	生产批号	用途	数量 请领	数量 实领	单位	单价	金额
HY0201	UV 淋面漆	AC-28-68	SM06-0526 SM06-0527	A833-0125 C633-0124	204	204	千克	30	6 120

第二联　财务

仓库主管：　　　　　　　　　领料人：　　　　　　　　　发料人：

2. 劳保用品供应计划表（表训 3-17）。

表训 3-17　　　　　　劳保用品供应计划表

××年 7 月 3 日

领用单位	工作服 人数	工作服 应发	工作帽 人数	工作帽 应发	手套 人数	手套 应发	围腰 人数	围腰 应发	袖套 人数	袖套 应发	工作鞋 人数	工作鞋 应发	毛巾 人数	毛巾 应发	肥皂 人数	肥皂 应发	口罩 人数	口罩 应发
机加工车间	8	8	8	8	8	8	8	8	8	8	8	8	8	8	8	8	8	8
油漆车间	8	8	8	8	8	8	8	8	8	8	8	8	8	8	8	8	8	8
包装车间	5	5	5	5	5	5	5	5	5	5	5	5	5	5	5	5		
供电车间	4	4	4	4	4	4	4	4	4	4	4	4	4	4	4	4		
供水车间	4	4	4	4	4	4	4	4	4	4	4	4	4	4	4	4		
合计	29	29	29	29	29	29	29	29	29	29	29	29	29	29	29	29	16	16

总务科制

3. 劳保用品发放通知单（表训 3–18）。

表训 3–18　　　　　　　　　　　通　　知

请各部门于××年6月11日下午凭劳保用品领用卡到配件库劳保用品保管室领取三季度劳保用品。 　　　　　　　　　　　　　　　　　　　　　　　　　　　总务科 　　　　　　　　　　　　　　　　　　　　　　　　　××年6月10日

4. 劳保用品领用卡（表训 3–19 至表训 3–23）。

表训 3–19　　　　　　　　　劳保用品领用卡

领取部门：机加工车间　　　　　　　　　　　　　　　　　　　领物时间：××年6月11日

序号	物品名称	规格	单位	应发数	实发数	单价	金额	备注
1	工作服	大号	套	8	8	60	480	
2	工作帽	大号	顶	8	8	4	32	
3	围腰	大号	个	8	8	3	24	
4	袖套	大号	副	8	8	2	16	
5	手套	大号	副	8	8	2	16	
6	工作鞋	大号	双	8	8	24	192	
7	毛巾	棉质	张	8	8	2	16	
8	肥皂	250克	块	8	8	2	16	
9	口罩	棉质	个	8	8	1	8	

领物人：　　　　　　　　　　　　　　　　　　　　　　　　经手人：

表训 3–20　　　　　　　　　劳保用品领用卡

领取部门：油漆车间　　　　　　　　　　　　　　　　　　　　领物时间：××年6月11日

序号	物品名称	规格	单位	应发数	实发数	单价	金额	备注
1	工作服	大号	套	8	8	60	480	
2	工作帽	大号	顶	8	8	4	32	
3	围腰	大号	个	8	8	3	24	
4	袖套	大号	副	8	8	2	16	
5	手套	大号	副	8	8	2	16	
6	工作鞋	大号	双	8	8	24	192	
7	毛巾	棉质	张	8	8	2	16	
8	肥皂	250克	块	8	8	2	16	
9	口罩	棉质	个	8	8	1	8	

领物人：　　　　　　　　　　　　　　　　　　　　　　　　经手人：

表训 3-21　　　　　　　　　　　　劳保用品领用卡

领取部门：包装车间　　　　　　　　　　　　　　　　　　　　　　领物时间：××年6月11日

序号	物品名称	规格	单位	应发数	实发数	单价	金额	备注
1	工作服	大号	套	5	5	60	300	
2	工作帽	大号	顶	5	5	4	20	
3	围腰	大号	个	5	5	3	15	
4	袖套	大号	副	5	5	2	10	
5	手套	大号	副	5	5	2	10	
6	工作鞋	大号	双	5	5	24	120	
7	毛巾	棉质	张	5	5	2	10	
8	肥皂	250克	块	5	5	2	10	

领物人：　　　　　　　　　　　　　　　　　　　　　　　　　　　经手人：

表训 3-22　　　　　　　　　　　　劳保用品领用卡

领取部门：供电车间　　　　　　　　　　　　　　　　　　　　　　领物时间：××年6月11日

序号	物品名称	规格	单位	应发数	实发数	单价	金额	备注
1	工作服	大号	套	4	4	60	240	
2	工作帽	大号	顶	4	4	4	16	
3	围腰	大号	个	4	4	3	12	
4	袖套	大号	副	4	4	2	8	
5	手套	大号	副	4	4	2	8	
6	工作鞋	大号	双	4	4	24	96	
7	毛巾	棉质	张	4	4	2	8	
8	肥皂	250克	块	4	.4	2	8	

领物人：　　　　　　　　　　　　　　　　　　　　　　　　　　　经手人：

表训 3-23　　　　　　　　　　　　劳保用品领用卡

领取部门：供水车间　　　　　　　　　　　　　　　　　　　　　　领物时间：××年6月11日

序号	物品名称	规格	单位	应发数	实发数	单价	金额	备注
1	工作服	大号	套	4	4	60	240	
2	工作帽	大号	顶	4	4	4	16	
3	围腰	大号	个	4	4	3	12	
4	袖套	大号	副	4	4	2	8	
5	手套	大号	副	4	4	2	8	
6	工作鞋	大号	双	4	4	24	96	
7	毛巾	棉质	张	4	4	2	8	
8	肥皂	250克	块	4	4	2	8	

领物人：　　　　　　　　　　　　　　　　　　　　　　　　　　　经手人：

5. 材料费用分配表（表训 3-24）。

表训 3-24 材料费用分配表

年　月　日　　　　　　　　　　　　单位：元

费用分配＼分配对象	直接耗用材料	共同耗用材料					合　计
		本月投产量	单耗定额	定额耗用量	分配率	分配费用	
SM06-0526		25	2				
SM06-0527		24	5				
小计							
SM06-0528							
合计							
机加工车间：							
机物料消耗							
低易品摊销							
小计							
油漆车间：							
机物料消耗							
低易品摊销							
小计							
包装车间：							
材料							
机物料消耗							
低易品摊销							
小计							
供电车间							
供水车间							
总　计							

6. 职工薪酬费用分配表（表训 3-25）。

表训 3-25 职工薪酬费用分配表

年　月　　　　　　　　　　　　单位：元

费用分配＼分配对象	计时工资	分配率	应付工资	应提职工福利费（14%）	合　计
SM06-0526	500				
SM06-0528	600				
小计			11 000		
SM06-0527	300		3 600		
合计					

续表

费用分配 / 分配对象	计时工资	分配率	应付工资	应提职工福利费（14%）	合　计
机加工车间			2 000		
油漆车间			1 500		
包装车间			1 000		
供电车间			2 800		
供水车间			1 600		
总　计					

7. 固定资产折旧计算表（表训 3-26）。

表训 3-26　　　　　折旧费分配表

年　月　日　　　　　　　　　　　　　　　单位：元

费用分配 / 分配对象	应计提折旧的固定资产原值	应计提折旧额（月折旧率 0.2%）
机加工车间	1 241 000	
油漆车间	440 000	
包装车间	260 000	
供电车间	220 000	
供水车间	160 000	
合　计		

8. 动力费分配表（表训 3-27）。

表训 3-27　　　　　动力费分配表

年　月　　　　　　　　　　　　　　　　　单位：元

产品及车间名称		生产工时	分配率	分配额
产品生产用	SM06-0526	4 000		
	SM06-0527	3 000		
	SM06-0528	5 000		
	小计			6 000
车间照明用	机加工车间			400
	油漆车间			500
	包装车间			300
	供电车间			200
	供水车间			160
	小计			
合　计				

9. 其他费用分配表（表训 3-28）。

表训 3-28

其他费用分配表

年　月　　　　　　　　　　　　　　　　　　　　单位：元

车间名称	办公费	水费	本月报刊费	合　计
机加工车间	1 000	200	40	
油漆车间	400	300	30	
包装车间	300	300	30	
供电车间	100	88	40	
供水车间	80	60	10	
合　计				

10. 记账凭证（表训 3-29 至表训 3-40）。

表训 3-29

记　账　凭　证

年　月　日　　　　　　　　　　　　　　　　　　字第　　号

摘　　要	总账科目	明细科目	借方金额	贷方金额	
					附单据
					张
	合　　计				

财务主管　　　　　　记账　　　　出纳　　　　审核　　　　制单

表训 3-30

记　账　凭　证

年　月　日　　　　　　　　　　　　　　　　　　字第　　号

摘　　要	总账科目	明细科目	借方金额	贷方金额	
					附单据
					张
	合　　计				

财务主管　　　　　　记账　　　　出纳　　　　审核　　　　制单

表训 3-31

记 账 凭 证

年　月　日　　　　　　　　　　　　　　　　　字第　　号

摘　要	总账科目	明细科目	借方金额	贷方金额	
					附单据
					张
	合　　计				

财务主管　　　　　　　记账　　　　　出纳　　　　　　审核　　　　　制单

表训 3-32

记 账 凭 证

年　月　日　　　　　　　　　　　　　　　　　字第　　号

摘　要	总账科目	明细科目	借方金额	贷方金额	
					附单据
					张
	合　　计				

财务主管　　　　　　　记账　　　　　出纳　　　　　　审核　　　　　制单

表训 3-33

记 账 凭 证

年　月　日　　　　　　　　　　　　　　　　　字第　　号

摘　要	总账科目	明细科目	借方金额	贷方金额	
					附单据
					张
	合　　计				

财务主管　　　　　　　记账　　　　　出纳　　　　　　审核　　　　　制单

表训3-34   记 账 凭 证
　　　　　　　　　　　年　月　日　　　　　　　　　　　　　　　　字第　号

摘　　要	总账科目	明细科目	借方金额	贷方金额
合　　计				

附单据　　张

财务主管　　　　　　　　记账　　　　出纳　　　　　审核　　　　制单

表训3-35   记 账 凭 证
　　　　　　　　　　　年　月　日　　　　　　　　　　　　　　　　字第　号

摘　　要	总账科目	明细科目	借方金额	贷方金额
合　　计				

附单据　　张

财务主管　　　　　　　　记账　　　　出纳　　　　　审核　　　　制单

表训3-36   记 账 凭 证
　　　　　　　　　　　年　月　日　　　　　　　　　　　　　　　　字第　号

摘　　要	总账科目	明细科目	借方金额	贷方金额
合　　计				

附单据　　张

财务主管　　　　　　　　记账　　　　出纳　　　　　审核　　　　制单

表训 3-37　　　　　　　　　　　　　　记　账　凭　证
年　月　日　　　　　　　　　　　　　字第　号

摘　要	总账科目	明细科目	借方金额	贷方金额
合　计				

附单据　　　　张

财务主管　　　　　　　记账　　　　出纳　　　　审核　　　　制单

表训 3-38　　　　　　　　　　　　　　记　账　凭　证
年　月　日　　　　　　　　　　　　　字第　号

摘　要	总账科目	明细科目	借方金额	贷方金额
合　计				

附单据　　　　张

财务主管　　　　　　　记账　　　　出纳　　　　审核　　　　制单

表训 3-39　　　　　　　　　　　　　　记　账　凭　证
年　月　日　　　　　　　　　　　　　字第　号

摘　要	总账科目	明细科目	借方金额	贷方金额
合　计				

附单据　　　　张

财务主管　　　　　　　记账　　　　出纳　　　　审核　　　　制单

表训 3-40　　　　　　　　　　　记 账 凭 证
　　　　　　　　　　　　　　　　　　年　月　日　　　　　　　　　　　　　字第　　号

摘要	总账科目	明细科目	借方金额	贷方金额	
					附
					单
					据
					张
	合　　　　计				

财务主管　　　　　　　记账　　　　　出纳　　　　　　审核　　　　　制单

11. 辅助生产明细账（表训 3-41 至表训 3-42）。

表训 3-41　　　　　　　　　　　辅助生产明细账
　　　　　　　　　　　　　　　　　年　月　日

车间名称：　　　　　　　　　　　　　　　　　　　　　　　　　　　　　　单位：元

摘要	材料	工资	职工福利费	折旧费	动力费	办公费	水电费	其他	合计

表训 3-42　　　　　　　　　　　辅助生产明细账
　　　　　　　　　　　　　　　　　年　月　日

车间名称：　　　　　　　　　　　　　　　　　　　　　　　　　　　　　　单位：元

摘要	材料	工资	职工福利费	折旧费	动力费	办公费	水电费	其他	合计

12. 制造费用明细账（表训 3–43 至表训 3–45）。

表训 3–43　　　　　　　　　　　　　　制造费用明细账
未加工车间：　　　　　　　　　　　　　　年　月　日　　　　　　　　　　　　　　　　单位：元

月	日	摘要	机物料	低值易耗品	工资	职工福利费	折旧费	动力费	办公费	水电费	其他	合计

表训 3–44　　　　　　　　　　　　　　制造费用明细账
油漆车间：　　　　　　　　　　　　　　　年　月　日　　　　　　　　　　　　　　　　单位：元

月	日	摘要	机物料	低值易耗品	工资	职工福利费	折旧费	动力费	办公费	水电费	其他	合计

表训 3–45　　　　　　　　　　　　　　制造费用明细账
包装车间：　　　　　　　　　　　　　　　年　月　日　　　　　　　　　　　　　　　　单位：元

月	日	摘要	机物料	低值易耗品	工资	职工福利费	折旧费	动力费	办公费	水电费	其他	合计

训练四　归集和分配辅助生产费用和制造费用

【训练内容】 计算分配辅助生产费用和制造费用，编制费用分配的记账凭证。

【训练目标】

1. 掌握辅助生产费用、制造费用的分配方法；
2. 掌握辅助生产费用和制造费用分配的记账凭证编制方法。

【训练任务】

1. 根据辅助生产明细账（表训3-41至表训3-42）完成辅助生产费用分配表（表训4-1）的编制；
2. 根据辅助生产费用分配表（表训4-1）编制记账凭证并登记基本生产成本明细账和辅助生产明细账、制造费用明细账（表训2-3至表训2-5、表训3-41至表训3-42、表训3-43至表训3-45）；
3. 根据制造费用明细账（表训3-43至表训3-45）编制制造费用分配表（表训4-2）；
4. 根据制造费用分配表（表训4-2）编制记账凭证（表训4-3至表训4-5）；
5. 根据记账凭证登记基本生产成本明细账（表训2-3至表训2-5）和制造费用明细账（表训3-43至表训3-45）。

【训练资料】

1. 辅助生产费用分配表（表训4-1）；
2. 制造费用分配表（表训4-2）；
3. 记账凭证（表训4-3至表训4-5）。

表训4-1　　　　　　　　**辅助生产费用分配表**（直接分配法）

年　月　　　　　　　　　　　　　　　　　　　　　单位：元

受益产品及车间	分配额						合计
	供电车间			供水车间			
	数量（度）	分配率	分配额	数量（吨）	分配率	分配额	
	4 040		6 060	2 000		4 400	
SM06-0526	1 100						
SM06-0527	1 000						
SM06-0528	1 200						
机加工车间	300			820			
油漆车间	200			880			
包装车间	240			300			
合　计							

表训 4-2　　　　　　　　　　　　制造费用分配表

年　月　日　　　　　　　　　　　　　　　　　单位：元

项目\产品	生产工时	机加工车间		油漆车间		包装车间		合计
		分配率	分配费用	分配率	分配费用	分配率	分配费用	
SM06-0526	6 000							
SM06-0527	4 000							
SM06-0528	2 000							
合　计	12 000							

表训 4-3　　　　　　　　　　　　记　账　凭　证

年　月　日　　　　　　　　　　　　　　　　　字第　　号

摘　要	总账科目	明细科目	借方金额	贷方金额
	合　　　计			

附单据　　　张

财务主管　　　　　记账　　　　　出纳　　　　　审核　　　　　制单

表训 4-4　　　　　　　　　　　　记　账　凭　证

年　月　日　　　　　　　　　　　　　　　　　字第　　号

摘　要	总账科目	明细科目	借方金额	贷方金额
	合　　　计			

附单据　　　张

财务主管　　　　　记账　　　　　出纳　　　　　审核　　　　　制单

表训 4-5　　　　　　　　　　　　记　账　凭　证

年　月　日　　　　　　　　　　　　　　　　　字第　　号

摘　要	总账科目	明细科目	借方金额	贷方金额
	合　　　计			

附单据　　　张

财务主管　　　　　记账　　　　　出纳　　　　　审核　　　　　制单

训练五　计算和结转完工产品成本

【训练内容】计算本月完工产品成本和未完工产品成本。

【训练目标】

1. 掌握分批法和品种法完工产品和未完工产品成本的计算方法；
2. 掌握基本生产明细账的结账方法。

【训练任务】根据基本生产成本明细账（表训2-3至表训2-5）：

1. 计算各基本生产成本明细账的生产费用累计数；
2. 计算完工产品成本及单位成本，结转完工产品成本；
3. 计算未完工产品成本；
4. 编制结转完工产品成本的记账凭证（表训5-1）；
5. 根据记账凭证（表训5-1）登记基本生产成本明细账（表训2-3至表训2-5）和库存商品明细账（表训5-2、表训5-3）；
6. 编制完工产品成本汇总表（表训5-4）。

【训练资料】

1. 记账凭证（表训5-1）。

表训5-1　　　　　　　　　记　账　凭　证

摘　要	总账科目	明细科目	借方金额	贷方金额
合　　计			¥	¥

附单据　　　张

财务主管　　　　　　记账　　　　出纳　　　　审核　　　　制单

2. 库存商品明细账（表训5-2、表训5-3）。

表训5-2 库存商品明细账

生产批号： 产品代码：

月	日	摘要	直接材料	直接人工	制造费用	合计

表训5-3 库存商品明细账

生产批号： 产品代码：

月	日	摘要	直接材料	直接人工	制造费用	合计

3. 完工产品成本汇总表（表训5-4）。

表训5-4 完工产品成本汇总表

年 月 日 单位：元

产品名＼成本项目	A833（完工25套）		D405（完工18套）		总成本合计
	总成本	单位成本	总成本	单位成本	
直接材料					
直接人工					
制造费用					
合　计					

第三篇　模　拟　试　卷

模拟试卷（一）

（每个2分，共10分）

1. 成本核算

2. 辅助生产费用直接分配法

3. 废品损失

4. 约当产量法

5. 成本报表

单项选择题（本题 10 分）

1. 下列各项中，企业的产品生产成本包括(　　)。
   A. 废品损失　　　　　　　　B. 筹集资金费用
   C. 销售费用　　　　　　　　D. 行政管理费用
2. 施工企业一般将(　　)作为施工工程成本核算对象。
   A. 单位工程　　　　　　　　B. 建设项目
   C. 建筑材料　　　　　　　　D. 工期
3. 下列属于管理费用范围的是（　　)。
   A. 无形资产的摊销费用　　　B. 报废固定资产清理的损失
   C. 利息费用　　　　　　　　D. 水灾造成的生产损失
4. 下列属于成本项目之一的是（　　)。
   A. 外购材料费用　　　　　　B. 外购半成品费用
   C. 生产工人工资及福利费　　D. 其他费用
5. 下列应在本月计算折旧费用的固定资产是(　　)。
   A. 本月内减少的机器　　　　B. 本月内增加的设备
   C. 已提足折旧尚在使用的设备　D. 经营租入的房屋
6. "长期待摊费用"账户月末(　　)。
   A. 可能有借方余额　　　　　B. 可能有贷方余额
   C. 一定没有余额　　　　　　D. 一定有余额
7. 辅助生产费用直接分配法的特点是辅助生产费用(　　)。
   A. 直接记入"辅助生产成本"账户　B. 直接分配给所有受益的车间、部门
   C. 直接分配给辅助生产以外的各受益单位　D. 直接计入辅助生产提供的劳务成本
8. 如果辅助生产的制造费用通过"制造费用"科目核算，辅助生产的待分配费用是(　　)。
   A. 辅助生产车间的制造费用

B. 辅助生产车间专设成本项目的直接计入费用

C. 辅助生产车间专设成本项目的间接计入费用

D. 辅助生产成本明细账和辅助生产制造费用明细账的待分配费用之和

9. 制造费用是（　　）。

　　A. 间接计入费用

　　B. 间接生产费用

　　C. 应计入产品成本的车间生产费用

　　D. 应计入产品成本，但没有专设成本项目的各项生产费用

10. 采用定额法时，产品实际所耗材料应分配的材料成本差异的计算方法是（　　）。

　　A. 材料实际消耗量乘以材料成本差异率

　　B. 材料定额消耗量乘以材料计划单价，再乘以材料成本差异率

　　C. 材料定额费用乘以材料成本差异率

　　D. 定额费用与材料脱离定额差异的代数和，乘以材料成本差异率

11. 按年度计划分配率分配制造费用时，如果"制造费用"账户年末有贷方余额，应按余额（　　）。

　　A. 用红字借记"生产成本"账户，贷记"制造费用"账户

　　B. 用蓝字借记"制造费用"账户，贷记"生产成本"账户

　　C. 有红字借记"制造费用"账户，贷记"生产成本"账户

　　D. 结转下年度

12. "废品损失"账户核算的内容之一是（　　）。

　　A. 产品出售后的修理费用

　　B. 生产过程中发现的不可修复废品的生产成本

　　C. 出售不合格品的降价损失

　　D. 库存产品因水灾而变质的损失

13. 如果产品的消耗定额准确、稳定，各月末在产品数量变化不大，产品成本中原材料费用所占比重较大，为了简化成本计算，月末在产品可以（　　）。

　　A. 按所耗原材料费用计价　　　　B. 按定额成本计价

　　C. 按定额原材料费用计价　　　　D. 按定额加工费用计价

14. 简化的分批法之所以简化，是由于（　　）。

　　A. 不计算在产品成本　　　　　　B. 不分批计算在产品成本

　　C. 产品完工以前不登记产品成本明细账　D. 采用累计的费用分配率分配各种费用

15. 某种产品由三个生产步骤完成，采用逐步结转分步法计算成本。本月第一生产步骤转入第二生产步骤的生产费用为 2 300 元，第二生产步骤转入第三生产步骤的生产费用为 4 100元。本月第三生产步骤发生的费用为 2 500 元（不包括上一生产步骤转入的费用），第三生产步骤月初在产品费用为 800 元，月末在产品费用为 600 元。本月该种产品的产成品成本为（　　）元。

　　A. 10 900　　　　　　　　　　　B. 6 800

　　C. 6 400　　　　　　　　　　　　D. 2 700

16. 采用逐步结转分步法时，完工产品与在产品之间的费用分配，是（　　）之间的费

用分配。
    A. 完工半成品与月末加工中在产品
    B. 产成品与月末在产品
    C. 前面生产步骤的完工半成品与加工中在产品、最后生产步骤的产成品与加工中的在产品
    D. 产成品与广义在产品
17. 产品成本计算分类法的特点是（　　）。
    A. 按照产品品种计算成本
    B. 按照产品类别计算成本
    C. 按照产品类别归集费用，同类产品内各种产品的各种费用均采用分配方法分配计算
    D. 按照产品类别归集费用，同类产品内各种产品的直接计入费用直接计入，间接计入费用采用分配方法分配计入
18. 下列必须采用分类法计算成本的产品是（　　）。
    A. 副产品   B. 联产品
    C. 主产品   D. 等级产品
19. 基本生产车间照明用电费应借记（　　）账户。
    A. "管理费用"   B. "基本生产成本"
    C. "制造费用"   D. "辅助生产成本"
20. 下列对可比产品成本降低率没有影响的因素是（　　）。
    A. 产品品种比重   B. 产品产量
    C. 产品品种比重和产品产量 D. 产品单位成本

 多项选择题（本题10分）

1. 农业企业生产的范围包括（　　）。
    A. 农产品生产   B. 林产品生产
    C. 水产品生产   D. 副业产品生产
2. 将预付生产车间保险费摊销计入本月产品成本时，应记入（　　）。
    A. "其他应付款"账户借方   B. "其他应付款"账户贷方
    C. "制造费用"账户借方   D. "制造费用"账户贷方
3. 辅助生产的制造费用在（　　）条件下可以不单独设置"制造费用——辅助生产成本"账户，将其制造费用直接记入"辅助生产成本"账户。
    A. 制造费用很少   B. 辅助生产车间规模很小
    C. 辅助生产车间对外提供商品 D. 辅助生产车间不对外提供商品
4. 下列属于工业企业制造费用的有（　　）。
    A. 车间的机物料消耗   B. 分厂的管理用具摊销
    C. 机器设备的折旧费   D. 辅助生产车间不对外提供商品

5. 完工产品与在产品之间分配费用的约当产量比例法可以用来分析( )。
   A. 直接材料费用 B. 直接人工费用
   C. 制造费用 D. 管理费用

6. 在分批法下，如果批内产品跨月陆续完工的情况不多，而且完工产品数量占全部批量的比重很小，月末计算成本时，先完工的产品成本可以( )。
   A. 按最近一期相同产品的实际单位成本计算
   B. 按定额单位成本计算
   C. 按计划单位成本计算
   D. 在全批产品完工时，计算全批产品实际的总成本和单位成本

7. 企业为了( )，需要计算产品各生产步骤的半成品成本。
   A. 提供各种产成品所耗用的同一种半成品的费用数据
   B. 全面地分析和考核各生产步骤的生产耗费水平和资金占用水平
   C. 进行同行业半成品成本指标的对比
   D. 计算对外销售的半成品的损益

8. 采用定额法计算产品成本，如果产品成本中的月初在产品定额变动差异是负数，说明( )。
   A. 消耗定额降低了
   B. 消耗定额提高了
   C. 以前月份定额管理和成本管理取得了成绩
   D. 以前月份定额管理和成本管理可能存在缺点

9. 对企业成本报表反映的成本数据可以从( )这几个方面进行对比分析。
   A. 实际与定额 B. 实际与计划
   C. 本期实际与前期实际 D. 本期实际与本企业历史先进水平

10. 下列属于制造业成本报表的有( )。
    A. 产品生产成本表 B. 主要产品单位成本表
    C. 制造费用明细表 D. 销售费用明细表

判断题 （本题 10 分）

1. 产品生产成本是产品所耗费的全部费用。 (　)
2. 人为提高月末在产品费用，会使当月完工产品成本虚降。 (　)
3. 产品成本项目是记入产品成本的各种生产费用按用途划分的项目。 (　)
4. 记入"直接人工"成本项目的工资费用都是直接费用。 (　)
5. 采用交互分配法算出的某辅助生产车间交互分配率，就是该车间提供劳务的实际单位成本。 (　)
6. 废品损失是指生产过程中发现的不可修复废品的生产成本与可修复废品的修复费用之和。 (　)
7. 计算产品成本，都应在完工产品与月末在产品之间进行生产费用的分配。 (　)

8. 采用简化的分批法时，产品完工以前，应该在其成本明细账中逐月登记作为间接计入费用分配标准的生产工时。（   ）

9. 采用分步法时，不论综合结转还是分项结转，第一个生产步骤的成本明细账的登记方法均相同。（   ）

10. 产品成本计算的分步法均应逐步结转半成品成本，最后计算出产成品成本。（   ）

业务核算题（本类题共20分，每小题5分，均需列出计算分析的过程）

1. 某工业企业某月份生产甲产品200件，乙产品100件，共耗用A种材料1 326千克，每千克实际单位成本80元，甲产品每件耗用A种材料定额为5千克，乙产品每件耗用A种材料定额为3千克。

要求：

（1）按照甲、乙产品的材料定额消耗量比例分配计算A种材料费用（列出算式、分配率保留两位小数）。

（2）编制产品耗用材料费用的会计分录（列出产品名称和成本项目）。

2. 某种产品月初在产品制造费用1 512元，本月发生制造费用3 198元；月初在产品定额工时360小时，本月投入定额工时780小时；本月完工30件，每件工时定额18小时；每小时制造费用定额4元。

要求：根据上列资料，采用在产品按定额成本计价法分配计算该种完工产品和月末在产品的制造费用（列出算式）。

3. 某种产品某月部分成本资料如下：

成本项目	半成品	直接材料	直接工资	制造费用	成本合计
还原前成品成本	6 048		2 400	3 700	12 148
本月所产半成品成本		2 600	1 100	1 340	5 040

要求：

（1）计算成本还原分配率（保留一位小数）。

（2）对产成品成本中的半成品费用进行成本还原。

（3）计算按原始成本项目反映的产成品成本（列出算式）。

4. 某种产品采用定额法计算成本，其原材料费用如下表所示。

成本项目	月初在产品		月初在产品定额调整	月初在产品		本月完工产品定额费用
	定额费用	脱离定额差异		定额费用	脱离定额差异	
原材料	1 800	-30	-200	5 400	+100	4 800

本月原材料成本差异率为 -2%。材料成本差异和定额变动差异均由完工产品成本负担，脱离定额差异在完工产品与月末在产品之间按定额费用比例分配。

要求计算：

（1）月末在产品原材料定额费用。

（2）原材料脱离定额差异分配率。

（3）本月原材料费用应分配的材料成本差异。

（4）本月完工产品原材料实际费用。

（5）月末在产品原材料实际费用（列出算式）。

 （10分）

1. 企业产品成本核算一般应包括哪几个步骤？

2. 简述辅助生产费用分配的特点，常用的辅助生产费用分配方法有哪些？

 （本题30分，有关计算需列出计算过程）

1. 某工业企业有供水和供电两个辅助生产车间。某年5月份供水车间供水9 000吨，全月发生的生产费用为3 500元，每吨水计划成本为0.55元；供电车间供电4万度，全月发生的生产费用为12 400元，每度电计划成本为0.35元，水电均为一般消耗用。辅助生产车间制造费用不通过"制造费用"科目核算。

耗用	单位	供水车间	供电车间	基本生产车间	管理部门
水	吨	9 000	2 000	5 500	1 500
电	度	40 000	4 000	30 000	6 000

要求：
（1）分别计算供水、供电的计划总成本。

（2）分别计算供水、供电的实际总成本。

（3）分别计算供水、供电的成本差异。

（4）编制分配辅助生产费用的会计分录（列出算式，"辅助生产成本"科目按车间列示明细科目）。

2. 某企业生产的甲产品，本月完工1 100件，月末在产品200件，完工程度为50%。假定原材料于开始时一次投入，本月及月初生产费用合计数为24 000元，其中原材料为18 000元；工资及制造费用为6 000元。

要求：计算完工产品及月末在产品的原材料和工资及制造费用（列出计算过程，小数点后保留2位）。

3. 某企业一个车间分两道工序只生产一种甲产品，原材料分工序陆续投料，在产品按所耗原材料费用计价。该企业9月初在产品为1 420件，其成本为12万元。9月份投产5 108件。当月有关经济业务如下：

（1）以银行存款支付广告费2万元，生产车间办公用品费2 000元。

（2）以银行存款15 000元支付短期借款利息。

（3）以银行存款支付本月水电费48 000元，其中直接用于产品生产4万元，生产车间一般耗用1 000元，企业管理部门耗用7 000元。

（4）年初已一次性支付了全年保险费66万元，其中生产车间636 000元，企业管理部门24 000元，已按待摊费用入账。

（5）本月应付工资总额为10万元，其中生产工人工资8万元，车间管理人员工资2 000元，企业管理人员工资18 000元。

（6）本月生产工人应计福利费11 200元，车间管理人员应计福利费280元，企业管理人员应计福利费2 520元。

（7）本月生产车间应提折旧 245 000 元，企业管理部门提取折旧 5 000 元。

（8）本月生产产品耗用原材料 410 万元，车间一般耗用 31 万元，企业管理部门耗用 9 万元。

（9）结转本月管理费用、财务费用、产品销售费用，同时结转制造费用。

（10）本月甲产品完工入库 47 500 件，在产品第一工序和第二工序约当产量总和为 2 500 件，计算月末产品成本并结转完工产品成本。

要求：
(1) 根据上述业务，编制本月会计分录（会计科目只要求列示一级科目）。
(2) 计算完工产品总成本及在产品总成本。

模拟试卷（二）

名词解释（15 分）

1. 成本核算

2. 产品成本

3. 约当产量

4. 产品成本计算分步法

5. 产值成本率

判断题 (10分)

1. 为了正确地计算产品成本，必须正确划分完工产品与在产品的费用界限，并且应贯彻"谁受益、谁负担，何时受益、何时负担"的原则。（ ）
2. 企业某一会计期间实际发生的费用总和，一定会等于该会计期间的产品成本和期间费用总和。（ ）
3. 制造费用无论采用哪种分配方法，最后分配结果都会使"制造费用"账户期末没有余额。（ ）
4. 产品成本计算分批法是按照产品批别或订单作为成本计算对象来归集生产费用，它一般适用于小批、单件生产的企业。（ ）
5. 采用分步法时，不论综合结转还是分项结转，对于第一个步骤产品成本明细账的登记方法则是一样的。（ ）
6. 在分类法中，确定系数时，一般是在同类产品中选择一种产量较大，生产较为稳定或规格折中的产品作为标准产品。（ ）
7. 完工产品与在产品之间分配费用的约当产量法，只适用于各项加工费用的分配，而不适用于直接材料费用的分配。（ ）
8. 产品成本计算的定额法，就是为了及时反映实际成本脱离定额成本差异，加强定额管理和有效进行成本控制而采用的一种成本计算方法。（ ）
9. 采用计划成本分配法分配辅助生产费用时，辅助生产成本差异，可以进行再分配，也可以全部计入管理费用。（ ）
10. 在成本报表各费用表中的具体指标项目可参照有关制度的规定设置，也可根据具体情况经常做些变动。（ ）

单项选择题 (10分)

1. 下列属于成本项目的是(　　)。
   A. 外购材料　　　　　　　　B. 外购燃料
   C. 管理费用　　　　　　　　D. 制造费用
2. 适用于季节性生产的车间，在分配制造费用时所应用的方法是(　　)。
   A. 生产工时比例法　　　　　B. 生产工人工资比例法
   C. 计划分配率分配法　　　　D. 机器工时比例法
3. 某车间月末在产品共有200件，其中有80件完工程度为40%，有70件完工程度为50%，其余的完工程度为60%，则在产品的约当产量为(　　)。
   A. 100件　　　　　　　　　　B. 95件
   C. 97件　　　　　　　　　　D. 98件
4. 区分各种成本计算基本方法的标志，首先是(　　)。

A. 成本计算对象 B. 成本计算期
C. 间接费用分配方法 D. 完工产品与在产品之间的分配

5. 某产品由三个生产步骤制成,第一步骤 30 小时,第二步骤 50 小时,第三步骤 40 小时,各步骤在产品完工程度均为 50%,那么,第三步骤在产品的完工率为(　　)。
   A. 30% B. 63%
   C. 83% D. 20%

6. 狭义在产品是指(　　)。
   A. 正在车间加工的产品 B. 需要进一步加工的半成品
   C. 各个步骤完工的半成品 D. 对外销售的自制半成品

7. 在下列方法中,可以用来分配完工产品和在产品之间费用的方法是(　　)。
   A. 直接分配法 B. 一次交互分配法
   C. 约当产量法 D. 生产工时比例法

8. 固定费用和变动费用是(　　)。
   A. 按照经济用途的分类 B. 按照计入成本方法的分类
   C. 按照与产量关系的分类 D. 按照与生产工艺过程关系的分类

9. 下列需要进行成本还原的成本计算方法是(　　)。
   A. 品种法和分批法 B. 综合结转分步法
   C. 分项结转分步法 D. 平行结转分步法

10. 成本报表应属于(　　)。
    A. 对外报表 B. 对内报表
    C. 既对内又对外的报表 D. 对内对外由企业自行决定

多项选择题 (10 分)

1. 在下列各项中,属于成本项目的有(　　)。
   A. 直接材料 B. 直接人工
   C. 制造费用 D. 废品损失
   E. 燃料及动力

2. 对于几种产品共同耗用的原材料费用,其分配计入各种产品的标准有(　　)。
   A. 材料定额消耗量 B. 材料定额费用
   C. 产品产量 D. 产品重量
   E. 生产工时

3. 下列可作为辅助生产费用分配的方法有(　　)。
   A. 直接分配法 B. 一次交互分配法
   C. 代数分配法 D. 约当产量法
   E. 定额比例法

4. 做好成本核算工作的基本要求包括(　　)。
   A. 正确划分应计入产品成本和不应计入产品成本的费用界限

B. 正确划分各个月份的费用界限
C. 正确划分各种产品费用界限
D. 正确划分完工产品与在产品的费用界限

5. 决定一个企业采用何种成本计算方法的因素有(　　　)。
   A. 企业生产组织特点　　　　　　B. 企业生产工艺过程特点
   C. 成本管理要求　　　　　　　　D. 成本会计机构设置
   E. 成本会计人员配备

6. 与产品的生产类型没有直接关系的产品成本计算方法有(　　　)。
   A. 品种法　　　　　　　　　　　B. 分批法
   C. 分步法　　　　　　　　　　　D. 分类法
   E. 定额法

7. 品种法、分批法和分步法的主要区别有(　　　)。
   A. 成本核算程序不同　　　　　　B. 成本核算对象不同
   C. 生产组织方式不同　　　　　　D. 生产工艺过程和管理要求不同
   E. 产品成本项目不同

8. 采用平行结转分步法，(　　　)。
   A. 各步骤可以同时计算产品成本　　B. 不能提供半成品的成本资料
   C. 费用结转与半成品转移不同步　　D. 必须进行成本还原
   E. 不需要进行成本还原

 简答题 （15分）

1. 简述产品成本核算的一般程序。

2. 简述生产费用与产品成本的联系与区别。

3. 简述成本报表的作用。

 业务核算题（30 分）

1. 某企业生产 A、B 两种产品，共同耗用甲材料 15 300 元，A 产品投产 120 件，材料费用定额 45 元。B 产品投产 210 件，材料费用定额 35 元。

要求：按照原材料定额费用比例分配 A、B 两种产品应负担的材料费用（列出计算过程）。

2. 某企业设有锅炉和机修两个辅助生产车间。锅炉车间本月发生费用为 3 500 元，机修车间本月发生费用 3 600 元。各辅助生产车间提供的劳务量如下表所示。

车间	劳务种类	劳务量	服务部门			
			锅炉车间	机修车间	产品生产车间	厂部
锅炉	蒸汽	500 立方米		40	320	80	60
机修	工时	6 000 小时	800		3 500	700	1 000

要求：根据上述资料分别采用直接分配法和一次交互分配法进行辅助生产费用的分配（编制分配表或列出算式均可）。在计算分配率时最多取两位小数，分配金额取整数，分配费用尾差由管理费用负担。

辅助生产费用分配表（直接分配法）

辅助生产车间	应分配费用	提供劳务量	分配率	分配各受益单位					
				基本生产		制造费用		管理费用	
				数量	金额	数量	金额	数量	金额
锅炉									
机修									
合计									

辅助生产费用分配表（一次交互分配法）

辅助生产车间	应分配费用	劳务量	分配率	分配金额									
				锅炉车间		机修车间		基本生产		制造费用		管理费用	
				数量	金额	数量	金额	数量	金额	数量	金额	数量	金额
交互分配 锅炉车间 机修车间													
小 计													
直接分配 锅炉车间 机修车间													
小 计													

3. 某企业生产甲产品，连续经过两个步骤进行加工，采用逐步结转分步法（综合结转）计算产品成本。原材料在开始生产时一次投入，各步骤在产品的完工程度均为50%，第一步骤完工的半成品全部直接转给第二步骤继续加工。

（1）产量资料：

单位：件

项 目	第一步骤	第二步骤
月初在产品数量	30	40
本月投产（或上步骤转入）数量	180	190
本月完工数量	190	200
月末在产品数量	20	30

（2）费用资料：

单位：元

步 骤		直接材料	直接人工	制造费用
第一步骤	月初在产品成本	900	250	220
	本月发生费用	7 500	950	780
第二步骤	月初在产品成本	3 650	300	250
	本月发生费用		1 850	1 685

要求：根据以上资料采用约当产量法，计算本月完工产品成本和月末在产品成本。并按照半成品成本还原率进行成本还原。

第一步骤成本计算单

项　　目	直接材料	直接人工	制造费用	合计
月初在产品成本				
本月发生费用				
合　　计				
约当产量				
单位成本				
转给第二步骤半成品成本				
月末在产品成本				

第二步骤成本计算单

项　　目	半成品	直接人工	制造费用	合计
月初在产品成本				
本月发生费用				
合　　计				
约当产量				
单位成本				
转完工产品成本				
月末在产品成本				

产品成本还原计算表

单位：元

项　　目	产量	还原分配率	半成品	直接材料	直接人工	制造费用	成本合计
还原前甲产品成本							
上步所产半成品成本							
成本还原							
还原后甲产品成本							
甲产品单位成本							

模拟试卷（三）

 **名词解释** （每小题2.5分，共10分）

1. 计件工资

2. 生产经营性支出

3. 广义在产品

4. 停工损失

单项选择题 （共 10 分）

1. 下列各项中属于产品成本项目的是（　　）。
   A. 外购材料　　　　　　　　　　B. 职工工资
   C. 折旧费用　　　　　　　　　　D. 制造费用

2. 下列各项费用中，不可能直接借记"基本生产成本"账户的是（　　）。
   A. 车间生产工人福利费　　　　　B. 车间生产工人工资
   C. 车间管理人员工资　　　　　　D. 构成产品实体的原料费用

3. 若企业期末在产品数量较多、期初期末数量变化较大、各项成本项目所占比重比较均衡，则应选择的月末分配生产费用的方法是（　　）。
   A. 在产品按所耗原材料费用计价法　　B. 约当产量比例法
   C. 在产品按定额成本计价法　　　　　D. 定额比例法

4. 为了简化辅助生产费用的分配，辅助生产成本差异一般全部记入（　　）。
   A. "制造费用"账户　　　　　　B. "管理费用"账户
   C. "营业外支出"账户　　　　　D. "基本生产成本"账户

5. 不可修复废品应负担的原材料费用550元，加工费用450元；残料价值150元，应收赔款300元，其废品损失应为（　　）元。
   A. 550　　　　　　　　　　　　B. 750
   C. 850　　　　　　　　　　　　D. 1 000

6. 逐步结转分步法实际上是（　　）的多次连接应用。
   A. 品种法　　　　　　　　　　　B. 分批法
   C. 分步法　　　　　　　　　　　D. 分类法

7. 只将辅助生产费用直接分配给辅助生产车间以外的各受益单位，各辅助生产车间之间互不分配费用，这种分配方法是（　　）。
   A. 顺序分配法　　　　　　　　　B. 直接分配法
   C. 交互分配法　　　　　　　　　D. 代数分配法

8. "材料成本差异"账户借方反映（　　）。
   A. 入库材料超支差异　　　　　　B. 入库材料节约差异
   C. 计划成本　　　　　　　　　　D. 实际成本

9. 采用辅助生产费用的交互分配法，对外分配的费用总额是（　　）。
   A. 交互分配前的费用
   B. 交互分配前的费用加上交互分配转入的费用
   C. 交互分配前的费用减去交互分配转出的费用
   D. 交互分配前的费用加上交互分配转入的费用，减去交互分配转出的费用

10. 编制产品生产成本表应该做到（　　）
    A. 可比、不可比产品要分别填列
    B. 可比、不可比产品可合并填列
    C. 可比、不可比产品既可分别填列，也可合并填列

D. 无需划分可比、不可比产品

多项选择题 （每小题 2 分，共 10 分）

1. 完工产品与月末在产品之间分配费用的约当产量比例法可以用来分配（　　）。
   A. 直接材料费用 B. 直接人工费用
   C. 制造费用 D. 管理费用
2. 要素费用中的外购材料费用，可能记入下列成本项目（　　）。
   A. 直接材料 B. 工资和福利费
   C. 管理费用 D. 制造费用
3. 在产品和完工产品之间分配费用选择"在产品按所耗原材料费用计价法"是因为（　　）。
   A. 各月末在产品数量较大
   B. 各月末在产品数量变化较大
   C. 定额工作较好
   D. 原材料费用在成本中所占比重较大
4. 下列各项中，属于成本会计职能的有（　　）。
   A. 成本决策 B. 成本核算
   C. 成本审计 D. 成本分析
5. 品种法是（　　）。
   A. 最基本的成本计算方法
   B. 以产品品种为成本计算对象的一种成本计算方法
   C. 不仅适用于大批大量单步骤生产
   D. 不存在将生产费用在各种产品之间分配的问题

判断题 （每题 1 分，共 10 分）

1. 企业某一会计期间实际发生的费用总和，不一定等于该会计期间产品成本的总和。（　　）
2. 经检验部门鉴定不需要返修而可以降价出售的不合格品，其售价低于合格品售价所发生的损失，应当作废品损失处理。（　　）
3. 材料发出的日常核算可以按计划成本进行。（　　）
4. 采用约当产量比例法时，分配原材料费用与分配加工费用所用的完工率都是一致的。（　　）
5. 成本报表是重要的对内会计报表，其种类、格式和编制方法由企业自行确定。（　　）
6. 采用分批法，批内产品跨月陆续完工的情况下，完工产品的成本不论批量大小，都

只能按实际成本计算结转。 （   ）
7. 产品成本计算的基本方法和辅助方法都可以根据企业的生产特点单独使用。（   ）
8. 完工产品成本和在产品成本之间的关系是：完工产品成本 = 期初在产品成本 + 本月发生的生产费用 − 期末在产品成本。 （   ）
9. 产品制造成本按经济用途划分为直接材料，直接人工和制造费用三个成本项目，在实际工作中可以酌情增设一些成本项目如废品损失、停工损失、燃料和动力等。（   ）
10. 品种法、分批法和分步法的主要区别在于成本计算期的不同。 （   ）

 简答题 （每小题10分，共20分）

1. 成本报表的作用有哪些？

2. 简述品种法、分批法和分步法各自的特点及各自的适用范围。

 **计算分析题**（第1小题15分，第2小题15分，第3小题10分。本题共40分）

1. 某企业大量生产甲、乙两种产品。根据生产特点和管理要求，该企业采用品种法计算成本。各产品所耗材料均在开工时一次投入，直接人工费用及制造费用随加工程度均匀发生。完工产品与月末在产品之间的费用分配采用约当产量比例法。不可修复乙产品的废品损失全部由本月完工产品成本负担。4月份有关资料如下：

（1）产量记录：

项目	甲产品	乙产品
本月完工产品数量	1 800	3 600
月末在产品数量	400	500
完工程度	50%	80%

（2）有关废品损失资料：

项目	直接材料	直接人工	制造费用
乙产品（不可修复）	1 000	400	600

要求：计算甲、乙两种产品成本，登记各产品成本计算单，并编制完工产品入库的会计分录。

甲产品成本计算单

	直接材料	直接人工	制造费用	合计
月初在产品成本	7 000	1 600	1 400	10 000
本月生产费用	81 000	38 400	10 600	130 000
生产费用合计				
约当产量				
单位成本				
完工产品成本				
月末在产品成本				

乙产品成本计算单

	直接材料	直接人工	制造费用	废品损失	合计
本月生产费用	21 500	40 400	20 600		82 500
转出不可修复废品成本					
转入废品净损失					
本月生产费用净额					
约当产量					
单位成本					
完工产品成本					
月末在产品成本					

会计分录：

2. 某工业企业下设供水和供电两个辅助生产车间。辅助生产车间的制造费用不通过"制造费用"账户核算。辅助生产费用的分配采用交互分配法。9月份各辅助生产车间发生的费用及提供的产品和劳务数量见"辅助生产费用分配表"。

要求：

（1）计算填列"辅助生产费用分配表"。

（2）编制辅助生产费用交互分配的会计分录（"辅助生产成本"账户要列出明细账户，下同）。

（3）编制辅助生产费用对外分配的会计分录。

辅助生产费用分配表

××企业　　　　　　　　　　　　　　××年9月

项目		交互分配			对外分配		
辅助生产车间名称		供水	供电	合计	供水	供电	合计
待分配费用		8 400	13 000	21 400			
劳务供应数量		28 000（吨）	26 000（度）				
单位成本（分配率）							
辅助生产车间	供水		5 000				
	供电	3 500					
	分配金额小计						
基本生产车间	耗用数量				15 000	17 000	
	分配金额						
企业管理部门	耗用数量				9 500	4 000	
	分配金额						
分配金额小计							

注：分配率保留4位小数。

会计分录：

3. 某季节性生产企业第一生产车间全年制造费用预算为 65 920 元；全年各种产品的计划产量为：A 产品 2 000 件，B 产品 1 060 件；单件产品的工时消耗定额为：A 产品 4 小时，B 产品 8 小时。12 月初，制造费用账户余额为借方 800 元，12 月份实际支出制造费用 7 296 元。12 月份的实际产量为：A 产品 200 件，B 产品 120 件。

要求：

（1）计算制造费用年度计划分配率（列出计算过程）；

（2）分配 12 月份制造费用，编制会计分录（列出数字的计算过程）；

（3）处理制造费用的年末余额，编制会计分录（列出计算过程）

模拟试卷（四）

 **名词解释**（每小题2.5分，共10分）

1. 直接成本

2. 可比成本

3. 平行结转分步法

4. 联产品

单项选择题（共 10 分）

1. 产品成本是指企业生产一定种类、一定数量的产品所支出的各项（　　）。
   A. 生产费用之和　　　　　　　　　B. 生产经营管理费用总和
   C. 经营管理费用总和　　　　　　　D. 料、工、费及经营费用总和

2. 下列各项中，属于产品生产成本项目的是（　　）。
   A. 外购动力费用　　　　　　　　　B. 制造费用
   C. 工资费用　　　　　　　　　　　D. 折旧费用

3. 下列各项中，不计入产品成本的费用是（　　）。
   A. 直接材料费用　　　　　　　　　B. 辅助车间管理人员工资
   C. 车间厂房折旧费　　　　　　　　D. 厂部办公楼折旧费

4. 采用辅助生产费用的交互分配法，对外分配的费用总额是（　　）。
   A. 交互分配前的费用
   B. 交互分配前的费用加上交互分配转入的费用
   C. 交互分配前费用减去交互分配转出的费用
   D. 交互分配前的费用加上交互分配转入的费用，再减去交互分配转出的费用。

5. 辅助生产车间发生的制造费用（　　）。
   A. 必须通过"制造费用"总账账户核算
   B. 不必通过"制造费用"总账账户核算
   C. 根据具体情况，可以记入"制造费用"总账账户，也可以直接记入"辅助生产成本"账户。
   D. 首先记入"辅助生产成本"账户

6. 某产品经过两道工序加工完成。第一道工序月末在产品数量为 100 件，完工程度为 20%；第二道工序的月末在产品数量为 200 件，完工程度为 70%。据此计算的月末在产品约当产量为（　　）。
   A. 20 件　　　　　　　　　　　　B. 135 件
   C. 140 件　　　　　　　　　　　 D. 160 件

7. 在产品完工率为以下（　　）选项与完工产品工时定额的比率。
   A. 所在工序工时定额之半
   B. 所在工序累计工时定额
   C. 上道工序累计工时定额与所在工序工时定额之半的合计数
   D. 所在工序工时定额

8. 生产特点和管理要求对产品成本计算的影响，主要表现在（　　）的确定上。
   A. 成本计算对象　　　　　　　　　B. 成本计算日期
   C. 间接费用的分配方法　　　　　　D. 完工产品与在产品之间分配费用的方法

9. 品种法适用的生产组织是（　　）。
   A. 大量大批生产　　　　　　　　　B. 大量成批生产
   C. 大量小批生产　　　　　　　　　D. 单件小批生产

10. 分类法的主要目的在于（　　）。
   A. 使成本计算工作更精确　　　　B. 简化成本计算工作
   C. 适应分类这一成本计算对象的要求　　D. 加强成本控制

多项选择题 （每小题 2 分，共 10 分）

1. 成本会计的职能包括（　　）。
   A. 成本预测、决策　　　　　　　B. 成本核算、分析
   C. 成本计划　　　　　　　　　　D. 成本控制
   E. 成本考核

2. 月末，划分完工产品与在产品费用，应选择适当的方法，选择方法时应考虑的因素有（　　）。
   A. 在产品数量的多少　　　　　　B. 在产品数量变化的大小
   C. 各项费用比重的大小　　　　　D. 定额管理基础工作的好坏
   E. 会计人员工作水平的高低

3. 采用约当产量比例法，必须正确计算在产品的约当产量，而在产品约当产量的计算正确与否取决于产品完工程度的测定，测定在产品完工程度的方法有（　　）。
   A. 按 50% 平均计算各工序完工率
   B. 分工序分别计算完工率
   C. 按定额比例法计算
   D. 按定额工时计算
   E. 按原材料消耗定额

4. 下列属于成本计算基本方法的有（　　）。
   A. 品种法　　　　　　　　　　　B. 分类法
   C. 分批法　　　　　　　　　　　D. 分步法

5. 广义的在产品是指（　　）。
   A. 尚在本步骤加工中的在产品
   B. 转入各半成品库的半成品
   C. 已从半成品库转到以后各步骤进一步加工、尚未最后制成的半成品
   D. 全部加工中的在产品和半成品

（每题 1 分，共 10 分）

1. 成本核算的过程，既是对产品生产过程中的各种劳动耗费进行如实反映的过程，也是对产品生产过程中各种费用的发生实施控制的过程。（　　）
2. 非制造成本是指企业在一定会计期间所发生的除产品制造成本以外的生产耗费，又称为期间费用。主要包括制造费用、管理费用、财务费用。（　　）

3. 发出材料必须按实际成本进行日常核算。（　　）

4. 在月薪制下，应付月工资可以按日工资率乘以出勤日数计算，也可以按月工资标准扣除缺勤工资（日工资率乘以缺勤日数）计算。（　　）

5. 约当产量法适用于月末在产品数量大，各月末在产品数量变化也较大，且原材料费用在成本中所占比重较大的产品。（　　）

6. 在机械化程度较高的车间，适宜采用生产工人工资比例法分配制造费用。（　　）

7. 在会计实务中，固定资产折旧费是按照固定资产的使用部门归集后，再与各车间、部门发生的其他间接费用一起进行分配，计入产品成本。（　　）

8. 逐步结转分步法又称逐步计列半成品成本法，平行结转分步法又称不逐步计列半成品成本法。（　　）

9. 产品成本计算的基本方法和辅助方法都可以根据企业的生产特点单独使用。（　　）

10. 联产品是指在同一生产过程中生产出主要产品的同时，附带生产出来的一些非主要产品。（　　）

简答题　（每小题10分，共20分）

1. 为了做好成本核算工作，应当正确划分哪些费用的界？

2. 分类法的成本计算程序有哪些？

计算分析题　（第1小题10分，第2小题20分，第3小题10分。本题共40分）

1. 某工业企业生产A、B两种产品，共同耗用一种原料，耗用量无法按产品划分。A产品投产120件，每件材料费用定额45元；B产品投产210件，每件材料费用定额35元。A、

B两种产品实际发生原料费用共计15,300元。

要求：

（1）按照原料定额费用比例分配A、B两种产品的原料费用（列出算式）；

（2）编制分配原料费用的会计分录（列出产品名称和成本项目）。

2. 某产品经过两个步骤生产，第一步骤生产半成品，第二步骤生产产成品。要求，根据给定的资料用平行结转分步法计算产品成本。

（1）本月的实际产量为：半成品200件，产成品400件。

（2）本月份的生产费用如下：

	原材料	燃料、动力	工资、福利	制造费用	合计
第一步骤	84 000	14 200	15 600	12 000	125 800
第二步骤		6 000	17 800	14 800	38 600

（3）有关定额资料如下：

	产成品		在产品	
	材料定额费用	定额工时	材料定额费用	定额工时
第一步骤	65 000	4 000	15 000	1 000
第二步骤		6 000		2 000

第一步骤基本生产明细账

摘要	月初	本月	合计	分配率	产成品"份额"			在产品成本	
					定额	实际总成本	单位成本	定额	实际成本
材料费	16 000								
燃料动力	900								
工资福利	1 200								
制造费用	800								
合计	18 900								

第二步骤基本生产明细账

摘要	月初	本月	合计	分配率	产成品"份额"			在产品成本	
					定额	实际总成本	单位成本	定额	实际成本
材料费									
燃料动力	1 400								
工资福利	1 600								
制造费用	980								
合计	3 980								

产品成本汇总表

成本项目	一步骤份额	二步骤份额	总成本	单位成本
材料费				
燃料、动力				
工资、福利				
制造费用				
合计				

3. 某企业生产甲产品，原材料在生产开始时一次投入，生产经过三道工序完工，各工序在产品数量、工时定额及生产费用资料如下表所示。本月完工产品 2 000 件。请计算各工序在产品完工百分比、在产品约当产量和该月完工甲产品的总成本及单位成本，将计算结果填入表中。

（1）产量及工时资料：

工序	工时定额	在产品数量	在产品加工程度	在产品约当产量
1	20	300		
2	60	200		
3	20	500		
合计	100	1 000		

（2）产品成本计算单：

项目	月初在产品费用	本月产品费用	生产费用合计	约当产量	分配率	完工产品总成本	月末在产品总成本
材料费用	2 000	15 000					
人工费用	2 000	8 000					
制造费用	1 000	7 000					
合计	5 000	30 000					